活得自在就是好命
過得快活便是贏家

你不必在乎的9件事

你不必在乎的9件事

李佳華◎著

前言

在一個講究包裝的社會，我們常禁不住羨慕別人光鮮華麗的外表，而對自己的欠缺耿耿於懷。其實沒有一個人的生命是完整無缺的，每個人都或多或少缺少一些東西。

有人夫妻恩愛，月收入數十萬元，卻身患嚴重的不孕症：有人才貌雙全，能幹多金，情字路上卻坎坷難行：有人家財萬貫，卻是子孫不孝：有人看似好命，卻是一輩子腦袋空空……每個人的生命都被上蒼劃上一道缺口，你不想要它，它卻如影隨形。

許多人斤斤計較，完全迷失了自己：或沈淪於享樂主義的燈紅酒綠中，或癡迷於拜金主義的聲色犬馬中，或深陷於虛無主義的醉生夢死中，或渾噩於實用主義的熙來攘往中……這是做人斤斤計較的結果，不是誤用了人生，就是弱化了人生，歪曲了人生，甚至醜化了人生；人在其中，已喪失了本來的美好質地，淪為名利的工具、權威的玩物、世間的負擔。不少人長期以來一直任它折磨著自己的心靈，影響了生活、工作、學習、感情以及命運，使輝煌的人生成了灰暗……

成功是生命渴望的頂峰。在人類生生不息的發展中，追求成功，始終是我們持久的動力和永恒的目標。其實，每一個生命從誕生的那天起，都充滿希望、滿懷信心，準備能有所作為的，每個人都想創造自己生命的輝煌。但

是，沒有人生來就注定成功。

　　成功得自追求，輝煌源於創造。實現人生目標的每一步都需要訂出計畫，每訂出一個計畫，成功離你就近了一步。每個人都應該也可以成功，只要你找到正確的方法：只要抓住機會，只要你開動腦筋，發掘潛能，你就可能創造卓越的人生，托起明天的太陽。

　　《你不必在乎的9件事》這部書，著重分析和闡述做人的基本方法與途徑，書中評論精闢、案例生動、取材廣泛。它可讓你體會到生命中的缺口仿若我們背上的一根刺，時時提醒我們要謙卑，要懂得憐恤。若沒有苦難，我們會驕傲；沒有滄桑，我們就不會同情那些不幸的人。

　　因此，不要幻想生活總是那麼圓圓滿滿，也不要幻想在生活的四季中享受所有的春天。每個人的一生都注定要跋涉溝溝坎坎，品嘗苦澀與無奈，經歷挫折和失意。其實，逆境是通往真理的重要途徑。它啟迪著世人突破思維定勢，學會思考，善待失敗，挑戰命運，引導著每個仍在探索成功之路的人去實現飛翔的夢想。

目錄 Contents

PART 1

第一章
做人不必在乎名利和金錢

莫爲名利遮望眼

俗語說：「人過留名，雁過留聲。」誰也不想默默無聞地活一輩子。所謂「人各有志」，就是這個意思。

但是，在求取功名利祿的過程中，筆者還是要奉勸各位：少一點俗念，多一點超脫。到了你出名的那一刻，你一定會成功。

自古以來，胸懷大志者大多把求名、求官、求利當作終生奮鬥的三大目標。三者能得其一，對一般人來說，已堪稱終生無憾；若能三願盡遂，更是幸運之至。然而，從辯證的角度看，有取必有捨，有進必有退，有一得，必有一失，任何獲取，都需要付出代價。

問題在於：所付出的，值不值得？為了社會的利益，為了家庭的和睦，為了自我人格的完善，付出多少都值得。否則，付出越多越可悲。

我們所說的忍名讓利，正是從這個意義上提出的人生命題。在求取功名利祿的過程中，奉勸諸君：少一點貪欲，多一點忍勁，莫為名利遮望眼。

客觀地說，求名並非壞事。一個人有名譽感，就有了進取的動力；有名譽感的人，大多也有羞恥感，不想玷污自己的名聲。但是，什麼事都不能過分追求。如果過分追求，又不能一時獲取，求名心太切，就容易產生邪念，走歪門。結果名譽沒求來，反倒臭名遠揚，遺臭萬年。

君子求善名，走善道，行善事。小人求虛名，棄君子

之道，做邪惡勾當。古今中外，為求虛名而不擇手段，最終身敗名裂的例子太多了，足以引人深思；有些人已小有名氣，還想名聲大震，於是邪念膨脹，連原有的名氣也遭人懷疑，更是可悲。

有個人到居里夫人家中做客。他忽然發現，居里夫人的小女兒手裏正在撫弄英國皇家學會不久前授予居里夫人的一枚金質獎章，不禁大吃一驚，慌忙問道：「居里夫人！能夠得到一枚英國皇家學會頒發的獎章，那是極高的榮譽，你怎麼能讓孩子隨便拿著玩呢？」

居里夫人一聽，含笑應答：「我只是想讓孩子從小就瞭解，榮譽就是玩具，只能看看而已，決不能永遠守著它，否則必將一事無成。」

居里夫人正是以這種不斷進取的精神，一心撲在科學研究上，不斷取得新的成就。後來她和她的丈夫共同發現了鐳元素；然後她又獨自發現了氯化鐳，並分析出鐳的單體，為科學研究和醫療事業做出極大的貢獻。她成為迄今為止，世界上惟一兩次獲得諾貝爾物理學獎的女性。

位置可遇不可求

位置可遇不可求。你可以奮鬥，可以追求，但不可以死盯著某一個位置，認定它非己莫屬。安於自己的位置，才能使自己真正安心。

一位懷才不遇者去寺院拜訪一位高僧。

「施主！」高僧合掌問道：「你為什麼愁眉苦臉？」

「我已經快40歲了，大師，」懷才不遇者說：「卻至今仍找不到自己的位置！」

「你要找什麼樣的位置？」

「不知道……」懷才不遇者脫口而出。想了想，又改口說：「適合我的位置。」

「你的位置就在你的腳下！」高僧說罷，彎腰拾起一片落梅的花瓣，拈花微笑。

懷才不遇者一愣，頓悟：我自己正端然肅立在高僧對面，頭頂是一樹怒放的臘梅，腳底是落滿梅花的土地，夕陽西下，暗香浮動月黃昏，感覺真好。這不正是自己目前所處的位置嗎？

人都在尋找自己的位置。從政的盯著主席臺，經商的盯著金字塔，從藝的盯著各種獎項，一律目不轉睛，垂涎三尺，滿肚子凱覦之心。是啊！誰會滿足於自己眼下的位置呢？誰能安於現狀，接受自己所處的位置呢？

每個人都在奮鬥中尋找，或是在尋找中奮鬥，到頭來呢？奮鬥好比馬拉松賽跑，跑到終點又能如何？冠軍只有一個！實際上，得了冠軍也未必心滿意足，因為他的眼睛不是在俯視芸芸眾生，而是在仰視萬里無雲的晴空。他確信，他的位置是天上的某個星座。為此，他將繼續拼搏。

位置並不取決於自己的選擇，尋找更無異於海中撈月。是父母生了你。你一呱呱墜地，你的位置就注定是做父母的孩子。上學去，你是學生。排座位，也不是你想坐哪兒，就能坐哪兒。你生在中國，你就是中國人。即使你移民加拿大，你仍是加籍華人。你走進會場，你坐的總是屬於你的位置。沒有你的位置，你就不會去開會。

不要打腫臉充胖子

「虛榮心」一詞，《辭海》釋為：表面上的榮耀、虛假的榮譽。它最早見於柳宗元的詩：「為農信可樂，居寵真虛榮。」心理學上表明：虛榮心是自尊心的過分表現，是為了取得榮譽和引起普遍注意而表現出來的一種不正常的社會情感。虛榮心是一種常見的心態，因為虛榮與自尊相關。人人都有自尊心。當自尊心受到損害或威脅，或過於自尊，就可能產生虛榮心，如滿身珠光寶氣招搖過市、嘩眾取寵等等。

人有了虛榮心，就會處心積慮，吸引周圍人的注意。為了表現自己，常採用炫耀、誇張甚至戲劇性的手法引人注目。例如作個不男不女的髮型。虛榮心與趕時髦有關。時髦是一種社會風尚，是短時間內到處可見的生活方式，製造者多為社會名流。虛榮心強的人為了追趕偶像，顯示自己，也模仿名流的生活方式。

虛榮心不同於功名心。功名心是一種競爭意識與行為，是通過扎實的工作與勞動取得功名的志向，它很健康，為現代社會所提倡。虛榮心則是通過炫耀、顯示、賣弄等手段獲取榮譽與地位。虛榮心很強的人往往華而不實，顯得浮躁。這種人在物質上講排場、搞攀比；社交上好出風頭；人格上很自負、嫉妒心重；學習上不能刻苦。

50多年前，林語堂先生在《吾國吾民》一書中指出，統治中國的三女神是「面子、命運和恩典」。

「講面子」是中國社會普遍存在的一種民族心理。面子觀念的驅動，反映了中國人尊重與自尊的情感和需要。丟面子，就意味著否定自己的才能，這萬萬不能接受。於是，許多人為了不丟面子，遂通過「打腫臉充胖子」的方式顯示自我。

虛榮的心理與戲劇化的人格傾向有關。愛慕虛榮的人多半為外向型、衝動型，性格反覆善變、做作，具有濃厚、強烈的情緒反應，裝腔作勢，缺乏真實的情感，待人處世總是突出自我，顯得浮躁不安。虛榮心的背後掩蓋著自卑與心虛等深層的心理缺陷。具有虛榮心理的人通常竭力追慕浮華，以掩飾心理上的缺陷。

不要為虛榮付出代價

現代心理學的研究成果顯示，現代人感到壓抑的機率是20世紀50年代的10倍。不管這個世代的人生活多麼富裕，貧富差距總是存在的。你有錢，還有許多比你更有錢的人，而現代人比以往任何時候都更喜歡拿自己跟周圍的人進行比較。比來比去，那些處於下風的人心裏就難免酸溜溜的，那些占了上風的人心裏卻又覺得比別人沒強多少。商品時代培育出來的商品意識、商品情結，只會使人變得比以往更貪婪、更好高騖遠。越是看重金錢和物質，人就越不容易滿足，心理也變得越脆弱。

其實，很多時候，不在乎面子，會活得更好。面子只是一種表面的尊嚴。過分維護這種尊嚴，通常是內心脆弱

的表現，會逐漸喪失自我。要面子，是許多人獲得簡單和快樂的最大障礙。面子就是一種虛榮。它和道德相比，只不過是一抹浮雲和一縷輕煙罷了。

愛面子，實際上正是信心不足的表現。愛面子的人會一直在別人的眼光和尺度中生活，幸福是別人眼裏的幸福，痛苦也是別人所認為的痛苦。他們生活中全部的目標就是很簡單的一句話：過得比別人好。而真正自信的人必定不會去背負虛榮的十字架。他們總是很堅韌而踏實地相信自己，承認自身的價值。

在虛榮的人眼裏，孩子在學校裏成績要比別人好，得到的表揚要比別人多，名氣要比別人大；另一半在單位裏地位要比別人高，薪資要比別人多，人緣要比別人好，成績要比別人突出；房子要比別人大，裝修要比別人豪華，地理位置要比別人優越……

要實現這些目標，就必須比別人更努力地去奮鬥、去苦幹。但比較永無止境，這件事剛比完，那件事又來了。在沒完沒了的攀比和較量中，必定漸漸失去本來可以擁有的閒暇和輕鬆，心情越來越緊張、焦躁，感覺越來越頹喪，快樂越來越少。無休無止的追逐和競爭，只會導致我們身心疲憊。

這又何必呢？人家有人家的生活，你有你的人生，幸福的形式千差萬別。鞋子合不合腳，只有穿鞋的人自己知道，別人都只是毫不知情的旁觀者罷了。

同樣道理，別人的痛苦，你感受不到，你看到的別人所謂的幸福極可能只是一種假象：一個住別墅的商人可能欠債百萬，一個開賓士的企業家可能已經瀕臨破產，一對手挽著手走進飯店的夫妻可能剛剛協議離婚了……所以，

不要把自己的幸福定位在別人身上，實實在在地過自己的日子吧！

　　商品社會使得我們很多人誤認為財富就代表成功。在這種背景下，消費的目的不再是因為需要，而是為了炫耀或是用來證明自己，生活的形式與內容嚴重脫節。今天張三買了一雙名牌皮鞋，你明天一定要去買一雙比他更名貴的；明天李四買了一輛汽車，你後天一定要去買一輛比他更高檔的；別人的每次消費，都會觸動你敏感的神經……一番折騰下來，儘管你處處都占了上風，也終於博得別人「羨慕」的眼光，但你早已心力交瘁，幸福沒有找到，時間和精力卻在「表演」中飛速流失了。

　　活在別人的標準和眼光中是一種痛苦，更是一種悲哀。人生短暫，真正屬於自己的快樂本就不多，為什麼不為自己完完全全、真真實實地活一次？人的價值是由實力決定，不是靠做秀取得。

　　有一次，法國前總理朱佩去視察某地。他拎著一個超級市場的塑膠袋接受記者採訪時，這袋子一直拎在他的手上，很自然的樣子，沒有誰覺得他寒酸，不夠紳士，相反，在場的人投給他的都是欽佩的目光。由此可見，身分並不是由派頭決定。

　　現在有些人急切地希望成功，成功後又喜歡炫耀，希望及時揮霍成功的果實，其典型表現就是大手大腳地花錢給別人看。特別是在熟人和親友面前，迫切地想顯示自己的財富。相對地，那些真正成就了事業的人反而能夠在生活中保持一顆平常心。

　　有一次，亨利‧福特到英格蘭去。在機場詢問處，他要求尋找當地最便宜的旅館。接待員看了看他，一眼就認

出這個超級富豪——舉世皆知的亨利‧福特。就在前一天，報紙上還登出他的大幅照片，說他要來這兒。

接待員說：「要是我沒搞錯，你就是亨利‧福特先生。我記得很清楚，我看過你的照片。」

福特回答：「是的。」

接待員滿眼疑惑地說：「你穿著一件看起來像你一樣老的外套，要最便宜的旅館。我也曾見過你的兒子上這兒來，他總是找最好的旅館，穿的也是最好的衣服。」

福特說：「是啊！我兒子好出風頭，他還沒有適應生活。對我而言，沒必要住昂貴的旅館。我在哪兒都是亨利‧福特。即便是住最便宜的旅館，我也是亨利‧福特。這沒什麼兩樣。這件外套，是的，它是我父親的。但這沒有關係，我不需要新衣服。即使我赤裸裸地站著，我仍然是亨利‧福特。這根本沒關係！」

是的，你的外套可能比亨利‧福特的高檔。可是，這能說明你比他更有錢嗎？你可能住過比亨利‧福特更貴的旅館。可是，這能表示你比他更有身分嗎？

人世中，許多人好出風頭，總怕別人不知自己的尊姓大名，一逮住機會，不是高聲炫耀自己的身分，就是到處分發名片。這是虛榮心在作怪。另有一些人則不慕外表的華麗，時時以堅持自我的秉性為本。這種人生性謙虛，最值得尊敬。

幸福是一種絕對自我的感覺。只要你覺得自己很幸福，你就很幸福。反之，如果你自己感覺不到幸福，無論你在別人眼裏如何風光，你的心裏仍然是一片冰涼。不同的人有不同的活法，也有不同的幸福。關鍵在於你是否真的明白，自己這一輩子到底要什麼。如果一個人總是得隨

望蜀或盲目攀比，那他永遠不會擁有幸福和快樂。

為了求學問，不是為了得學位

為了求學問，不是為了得學位；追求真正的知識，而不是為了追求虛幻的名聲。這樣，才能真正有所作為。

1936年夏，在清華大學的極力推薦下，中華文化教育基金委員會保送華羅庚赴英國康橋（劍橋）大學學習。

寧靜、美麗的康橋，世界聞名的大學城。在康橋的一座大廈裏面，有一把高背座椅，那是當年萬有引力定律的發現者坐過的地方，如今坐著聲名赫赫的英國數學家哈代。當華羅庚來到康橋，碰巧哈代正要去美國講學。臨行前，他留下話，說是華羅庚可以在兩年內拿到博士學位。而一般人至少需要三年。

看來，哈代對華羅庚真是另眼相待。

對在康橋的求學者來說，「博士」是夢寐以求的頭銜。憑著這塊名牌大學的金字招牌，回國之後就可以終生有靠。但是，為了通過博士論文答辯，必須交納鉅額學費，而且只能選擇有限的課程學習。華羅庚卻渴望同時攻讀七、八門功課。經過一番慎重思考，他決定只以「旁聽生」的身分進康橋學習。有人問他這樣做的原因。他回答：「我來康橋是為了求學問，不是為了得學位。」

康橋當時有「世界數學中心」之稱，在那裏雲集了各國的數學專家。華羅庚參加了一個有名的數論專家研究小組，主要研究「堆壘素數論」中的問題。

在康橋的兩年，華羅庚向「華林問題」、「塔內問題」、「奇數的哥德巴赫猜想問題」連著發起進攻，接連發表了十幾篇論文。在對「塔內問題」的研究中，他提出了一個重要定理，後來就取名為「華氏定理」。

這個問題，著名的數學家哈代過去也曾研究過，並認為已無法繼續攻進。他還把這個觀點寫進一部即將出版的著作。待他從美國回到康橋，得知華羅庚的研究結果，高興地說：「太好了！你的發現很重要！看來，我的著作非改不可了。」

在康橋的最後一年，華羅庚的《論高斯不完整的三角和估計問題》發表。19世紀歐洲數學之王高斯提出的問題，被年輕的華羅庚徹底解決了。這篇論文轟動一時，華羅庚出色的成就贏得了各國數學大師的一片讚揚。

學歷代表過去，學習代表未來

學歷代表過去，只有學習才能代表未來。尊重經驗的人才能少走彎路；一個好的團隊也應該是學習型的團隊。

有個博士分發到一家研究所上班，他成為研究所內學歷最高的人。

有一天，他到單位後面的小池塘釣魚。正好，正副所長在他的一左一右，也在釣魚。

他只微微點了點頭。這兩個本科生，沒啥好聊的！

不一會兒，那正所長放下釣竿，伸伸懶腰，嚕嚕嚕，從水面上如飛般快步走到對面上廁所。

博士眼睛睜得都快掉下來了。水上飄？不會吧？這可是一個池塘啊！

正所長上完廁所回來，又是噌噌噌，從水上飄回來。

怎麼回事？博士又不好去問。自己是博士哪！

過了一陣子，那副所長也站起來，走幾步，噌噌噌飄過水面去上廁所。

這下子，博士差點昏倒：不會吧？到了一個江湖高手集中的地方啦？

這會兒，他也內急了。

這池塘兩邊各有一道圍牆，要到對面上廁所，非得繞十分鐘的路，回單位又太遠……怎麼辦？

他也不願去問那兩位所長。憋了半天，他起身往水裏跨：我就不信本科生能過的水面，我這個博士不能過。

只聽咚的一聲，博士栽到水裏去了。

兩位所長將他拉了出來，問他為什麼要下水。

他不答反問：「為什麼你們可以走過去？」

兩個所長相視一笑：「這池塘裏有兩排木樁子。由於這兩天下雨漲水，正好埋在水面下。我們都知道那些木樁的位置，所以可以踩著樁子過去。你怎麼不問一聲呢？」

不要空泛地追求學歷

真正的學問，是從社會生活中總結、提煉出來的人生智慧和事業經驗。所以，不要空泛地追求學歷、研究學問，而必須學以致用。要肯吃苦、肯實踐，不斷培養和提

高自己的實際能力，並培養出超越常人的膽魄和見識。這樣才能盼來出人頭地的那一天。

1917年，新店直潭里這個俗稱「情人谷」的地方誕生了一個姓王的嬰兒，取名永慶。王永慶長大成人後，成為首屈一指的大企業家、超級富豪。

王永慶從小在極其艱苦的環境中長大，經常過著三餐不繼的日子。他對讀書的興趣不高，只有小學水平。但是，不上正規的學校，不等於沒有前途。

7歲時，王永慶每天上學、放學要走十多公里的路程。他的書包裏只有一條粗布巾，雨具是竹葉作成的一頂笠帽。9歲時，他的父親病重，母親以種草、種蕃薯和養豬維持家計。為了幫補家用，王永慶替人看牛，一個月賺5元。重病纏身的父親為了不再連累家人，企圖上吊自殺，幸好被他母親及早發現，救了下來。

王永慶不願屈服於命運的安排。他後來經常說：「我一生中沒有請人看過相。因為，從前的命運怎樣，我已經曉得；以後的命運怎樣，我自己必須打算。我相信科學。」

他還說：「人生成功的關鍵，完全繫於自己的努力。」

又說：「運氣，就是當機會來臨時，你已做好準備。」

王永慶一生的成就，正是這些話最好的寫照。他的前半生充滿坎坷，從15歲開始，就立志外出闖天下，先後做過米店、磚窯、木板等方面的生意，均告失敗。直到38歲時，他成立了臺灣塑膠工業股份有限公司，從此開始走上發大財的路途。

一般人大多認為，成功必須靠知識，才能獲得。王永慶卻說：人的能力比知識更重要，膽識比能力更重要。他經常強調：學問貴在能運用。儘管他不否認「學校教育」

的重要性，但他認定工作經驗才是真正的老師。

他曾說：「我很喜歡汽車大王福特說的一段話：『我起初在農田裏工作。其後我修理打穀機；後來又操作鋸木機。』這些歷程對於他的成功有重大的意義。打穀機雖然是構造很簡單的機械，他又不是學機械工程出身，對機械並不內行，但透過修理打穀機的經驗，他便得到粗淺的機械知識。如果他沒有這段經歷，恐怕創造汽車的構想就不會實現了。」

在王永慶看來，「讀書和工作都是教育。」然而，歸根結柢，「學歷不能代表一切。經驗磨練出來的實力，才能培養出獨立作戰的能力，從而令你居於要職。」

PART 2

第二章 做人不必在乎出身貧寒

生你者最偉大

隨著慢慢長大，成熟，我們會逐漸明白很多以前不曾發現的真情與關愛。當然，這需要我們從生活中去發現，去體會。生活比什麼都重要。

在喬治的記憶中，父親一直瘸著一條腿走路，他的一切都平淡無奇。所以，喬治總忍不住尋思：母親怎麼會和這樣的一個人結婚呢？

有一次，市裡舉辦中學生籃球賽，喬治是隊裏的主力。他去找母親，說出他的心願：他希望母親陪他同往。母親笑了笑，說：「那當然。你就是不說，我和你父親也會去的。」他聽罷，搖了搖頭，說：「我不是說父親，我只希望你去。」母親很驚奇，問道：「這是為什麼？」他勉強地笑了笑，說：「我擔心，爸爸會帶來不方便……」

母親歎了一口氣，說：「你是嫌棄你父親？」

父親這時正好走過來，插口道：「這些天我得出差，有什麼事，你們商量著去做就行了。」

比賽結束，喬治所屬的隊得了冠軍。

在回家的路上，母親很高興：「你爸爸聽到這個消息，一定會放聲高歌。」

喬治沈下臉，說：「媽媽，我們現在不提他好不好？」

母親受不了他的口氣，尖叫起來：「你必須告訴我，這是為什麼？」

喬治滿不在乎地笑了笑，說：「不為什麼，就是不想

在這個時候提到他。」

母親的臉色凝重起來，說：「孩子，有些話我本來不想說。可是，再隱瞞下去，很可能會傷害到你爸爸。你知道你爸爸的腿是怎麼瘸的嗎？」

喬治搖了搖頭：「不知道。」

母親說：「你兩歲時爸爸帶你去花園玩。回家的路上，你左奔右跑。忽然，一輛汽車急馳而來。你爸爸為了救你，左腿被車輪碾過……」

喬治頓時呆住了，良久才開口說：「這怎麼可能？」

母親說：「這怎麼不可能？只是這些年，你爸爸不讓我告訴你罷了。」

母子倆慢慢地走著。

母親說：「有件事，你一定還不知道！你父親就是布萊特，你最喜歡的作家。」

喬治驚訝地蹦了起來：「你說什麼？我不信……」

母親說：「其實，是你爸爸不讓我告訴你。你不信，可以去問你的老師。」

喬治急匆匆地向學校跑去。

老師面對他的疑問，笑了笑，說：「這都是真的。你爸爸不讓我們透露這些，是怕影響你成長。但既然你現在知道了，那我就不妨告訴你，你爸爸是一個很偉大的人。」

兩天後，父親回來。喬治問他：「你就是大名鼎鼎的布萊特嗎？」

父親愣了一下，然後笑了，說：「我就是寫小說的布萊特。」

喬治拿出一本書來，說：「那你先給我簽個名吧！」

父親看了他片刻，然後拿起筆來，在扉頁上寫道：贈

第二章
做人不必在乎出身貧寒
PART 2
031

喬治。生活其實比什麼都重要 布萊特

多年後，喬治成為一名出色的記者。每當有人請他介紹自己的成功之路，他就會重覆父親的那句話：生活其實比什麼都重要。

英雄不問出身

著名的企業家邁克爾出身貧寒。從商以前，他曾幹過酒店的服務生，替客人搬行李、擦車。

有一天，一輛豪華的勞斯萊斯轎車停在酒店門口。車主人吩咐道：「把車洗洗。」

邁克爾那時剛剛中學畢業，還沒有見過世面，從未見過這麼漂亮的車子，不免感到幾分驚喜。他邊洗邊欣賞這輛車。擦完後，忍不住拉開車門，想上去享受一番。

這時，正巧領班走了出來。「你在幹什麼，小混球？」領班訓斥道：「也不想想自己的身分？你這種人，一輩子也不配坐勞斯萊斯！」

不堪受辱，邁克爾發誓：「這輩子我不但要坐上勞斯萊斯，還要擁有自己的勞斯萊斯！」他的決心是如此強烈，以至於這個誓言成了他奮鬥的人生目標。

許多年後，他已經事業有成，果然買了一部勞斯萊斯轎車！

如果邁克爾也像那個領班一樣認命，那麼，也許今天他還在替人家擦車、搬行李，最多做個領班。人生的目標對一個人是何等重要啊！

現實中，總有這樣一些人：他們或因受宿命論影響，凡事聽天由命；或因性格懦弱，習於依賴他人；或因責任心太差，不敢承擔責任；或因惰性太強，好逸惡勞；或因缺乏理想，混日子為生……總之，他們給自己定下低調，遇事逃避，不敢爭先，不敢轉變的思路，被一種消極心態所支配，不求進取。

然而在往今來的事例中，我們可以發現這樣一個事實：造化有時會把它的寵兒放在下等人中間，讓他們從事卑微的職業，使他們遠離金錢、權力和榮譽，然後在某個有意義、有價值的領域中讓他們脫穎而出。

霍蘭德說：「在最黑的土地上生長著最嬌豔的花朵，那些最偉岸挺拔的樹木總是在最陡峭的岩石中扎根，昂首向天。」高普更是一語道破天機：「並非每一次不幸都是災難，早年的逆境通常是一種幸運。與困難鬥爭，磨煉了我們的人生，為日後更激烈的競爭準備了豐富的經驗。」

在現實生活中，我們常看到這樣的人：他們常因自己角色卑微而否定自己的智慧，因自己地位的低下而放棄兒時的夢想，甚至因被人歧視而消沈，因不被人賞識而苦惱。這是多麼大的錯誤啊！其實造物主常把高貴的靈魂賦予卑賤的肉體，就像日常生活中，許多人總是把貴重的東西藏在家中最不起眼的地方。

不要以為自己很卑微

生活中，很多人都有不同程度的自卑感，對自己缺乏

信心。一個人如果連自己都不愛自己，總覺得自己很卑微，那怎麼行？羅斯福夫人曾說：「沒有你的同意，誰也不能讓你覺得自己低人一等。」

　　一個人如果表現出自己是個充滿活力與吸引力的人，周遭的人就會以你的表現同樣看待你。如果你的儀態、眼神、衣著、面部表情與為人的態度，時時反映出自信與自我肯定，別人自然會對你產生信任與好感。

　　原一平是一位保險推銷員，他身高1.53米，其貌不揚，年齡不小。在他做這項工作的頭半年，沒有為公司拉到一份保單。他沒有錢租房子，就睡在公園的長椅上；沒有錢吃飯，就去吃飯店專供流浪者食用的剩飯；沒有錢坐車，就每天步行去他要去的地方。

　　可是，他從來不覺得自己是個失敗者，也沒有人覺得他是個失敗者。自清晨從公園長椅上「起床」，他就向每一個碰到的人微笑，不管對方是否在意或者回報他的微笑，他都不在乎。而且，他的微笑永遠是那樣由衷和真誠，讓人看上去，覺得他是那麼精神抖擻，充滿信心。

　　終於有一天，一個常去公園的大老闆對原一平的微笑產生了興趣。他不明白，一個吃不飽飯的人怎麼會總是那麼快樂。於是，他提出請原一平好好地吃一頓好飯。原一平拒絕了，反過來請求這位大老闆買他一份保險。於是，原一平有了自己的第一筆業績。這位大老闆隨後把原一平介紹給許多商場上的朋友。

　　原一平的自信和微笑感染了越來越多的人，他最終成為日本保險業史上簽下保單金額最多的保險推銷員。他成功了，他的微笑獲稱「全日本最自信的微笑」。

　　他說：「走向成功的路有千萬條。微笑和信心只是你

走向成功的一種方法，但它是不可或缺的方法。」

有些人自卑，是因為他們身上存在著某種先天缺陷。俗話說：「尺有所短，寸有所長。」每個人都有自己的長處，也都有自己的短處。如果只看到自己的短處，看不到自己的長處，就容易產生自卑情緒。其實，某些短處有時候是可以轉化為長處的。

眾所周知，一般的魚有儲氣的鰾，便於上浮與下沈，在水中游動自如。鯊魚無鰾，只有藉由不停地游動，才能避免下沈。雖然鯊魚少了一個生存條件，卻成為「水中霸王」；一般的魚多了這麼一個生存條件，命運卻不見得怎麼好，有的甚至會被鯊魚吃掉。

伊爾‧布拉格是美國歷史上第一位榮獲普利茲新聞獎的黑人記者。他勇敢、勤奮、功績卓越，創造了美國新聞史上的一個奇蹟。

在回憶自己的經歷時，他說：

「我們家很窮，父母都靠賣苦力為生。那時，我父親是一名水手，每年都要往返於大西洋各個港口之間。我一直認為，像我們這樣地位卑微的黑人不可能有什麼出息，也許一生都會像父親所工作的船隻一樣，漂泊不定。

「後來，在我九歲那年，父親帶我去參觀梵谷的故居。在看過梵谷用過的那張破舊的小木床及裂了口的皮鞋之後，我問父親：『梵谷不是一位百萬富翁嗎？』父親告訴我：『梵谷是個連妻子都沒娶上的窮人。』

「第二年，父親帶我去丹麥。在童話大師安徒生的故居前，我又困惑地問道：『爸爸，安徒生不是生活在皇宮裏嗎？』父親回答：『安徒生是一位鞋匠的兒子，他生前就生活在這棟閣樓裏。』

「從此，我的人生完全改變了。我慶幸自己有個好父親，他讓我認識了梵谷和安徒生；而這兩位偉大的藝術家又告訴我，人能否成功，與是否貧賤無關。」

的確，命運有時會把一些偉大的人放在下等人中間，讓他們從事卑賤的職業，使他們遠離金錢、權力和榮譽，然後在某個意義不凡、價值不菲的領域，讓他們脫穎而出。所以，你完全不必為自己出身低賤而煩惱。任何人都可以輕視你，但你自己不能輕視自己。如果連自己都看不起自己，你的一生就真的毫無意義。

一個人最大的不幸就是：自己否定自己，自己糟蹋自己，自己將自己看作是世界上最無能、最無用的人。

人的一生中，有時會遇到一些難以忍受的事。它們不是貧困和疾病，而是外界強加給你的一種桎梏。這種桎梏，有時是偏見和歧視，有時是打擊和嘲諷，有時是壓迫和摧殘。它們緊緊地勒住你，使你感到壓抑。

面對這種困境，人最容易心灰意冷，失去信念，厭棄生命。然而，你不能否認，這種桎梏很可能是一塊試金石。在這塊試金石試驗下，強者讓桎梏在自己的生命中淹沒，弱者則讓生命在桎梏中枯萎。

其實，任何人都不是全能，你在這方面實力弱，並不意味著你在所有的領域都處於劣勢。同樣的道理，暫時的勝負，並不能決定人生最後的走向。即便你現在處於社會的底層，也沒有必要垂頭喪氣，自卑自賤。不要因為自己暫時低賤的身分，判定自己未來生活的格局；不要因自己角色卑微，就用哀哀無告的聲音與世界對話；不要因暫時的生活窘迫，放棄了美好的理想。一個人只要永遠高昂著不屈的頭顱，全世界都會給他讓路。

為自己沒有體面的工作而自卑，更是大可不必。社會是一個典型的金字塔結構，它的基礎就是大多數靠自己的勞動力生存的人。許多人奮鬥一生，都難以爬到風光的塔尖。但這並不意味著他們就缺少價值，不值得尊重。勞動的人最光榮，勞動是創造一切奇蹟的基礎。

在這個世界上，每個人都有自己的位置。只要你能欣然接受生活賦予你的角色，你就能快樂和幸福。

簡·斯哥特是一位小學生。這天，他要參加學校戲劇演出中之角色選拔。為了這次選拔，他將自己的全身心都投入其中。在宣布角色人選那天，母親害怕他如果落選，會承受不了那種失落和痛苦，於是還沒到放學時間，她就早早地等在兒子學校的大門口，準備接他回家。

放學的鈴聲剛響不久，小斯哥特就衝向母親，眼中閃耀著得意、興奮的神色。

「猜猜看，媽媽！」他高聲叫道，說出一句令人震撼的話：「我被選中做喝彩和歡呼的人了！」

生活中有很多事物都受到自然條件的限制。自信不在此刻。我們完全可以讓自己的希望永遠生長在沃土中，不斷成長。不要因為任何小事，自己看不起自己。

從修理工到司法部長

約翰·斯科特是紐卡斯爾一個煤礦修理工的兒子。小時候，他很淘氣。進入學校，又成為一個不可救藥的壞學生——偷搶別人的果園是他小時候最喜歡做的事。

起初，斯科特的父親想把他送到雜貨店當學徒，但後來還是決定把他留在身邊，繼承自己煤礦修理工的職業。後來，斯科特的哥哥從牛津大學畢業，獲得了學位，寫信給父親說：「把傑克送到我這裏來，我會好好教導他的。」

　　於是，約翰被送到了牛津。在那裏，通過哥哥的**幫**助，以及自己的努力，他獲得了獎學金。

　　但是，某個假期，很不幸——或者說很幸運，就像後來事情進展的那樣——他戀愛了。他和心上人一起私奔，越過邊境，然後結了婚。他的許多朋友當時都認為，他的一生肯定給毀掉了。

　　結婚時，他沒有房子，也沒有錢，幾乎連一分錢都沒有。他失去了獎學金，還拒絕了他天生享有的教堂優先權。可是，他開始學習法律。

　　在他寫給朋友的一封信中，他說道：「我倉促地結婚了。不過，我決定辛勤地工作，養活我心愛的女人。」

　　他來到倫敦，在克斯特雷租了一間小房子，安心學習法律。他意志堅定，每天早上4點起床，一直看書到深夜。犯睏了，就用一塊濕毛巾敷在頭上。由於太窮，他無法在專門的律師指導下學習。為此，他抄寫了一部三卷判例集的手稿。

　　成功之後某一天，這位已成為貴族大臣的礦工之子和祕書一起路過克斯特雷，他這樣說：「這就是我最早的棲息地。我過馬路買晚餐時，身上通常只有6便士，因此晚餐總是將就著吃一點。」

　　他終於通過了律師資格考試。但是，他等了很長的一段時間才找到工作。第一年，他的薪水只有9先令。之後四年中，他勤奮地工作，奔波於倫敦法院和北部巡迴法庭之

間，一步步向前發展。

剛開始，即使在自己的家鄉，他也只能接到一些為窮人打官司的案子。那時候的結果令他失望，他幾乎決定放棄在倫敦的事業，到其它城市找一份律師的工作。

他的哥哥給家裏寫信說：「弟弟的工作很無奈，非常枯燥！」

但是，就像他幸運地逃脫了成為雜貨店學徒、煤礦修理工和鄉村牧師的命運一樣，他最終又逃脫了成為一名鄉村律師的命運。

約翰‧斯科特終於獲得了一個機會，得以展示自己通過勤奮學習所獲得的廣博的法律知識。在他承接的這個案子中，他提出一個反對代理人和聘請自己的委託人之意願的法律疑點。當地法院做出的判決並不支持他。但是，後來上訴到最高法院，貴族特羅推翻了之前的判決，做出了支持他的主張的最後判決。

離開最高法院時，一個律師走過來，拍拍他的肩膀，說：「年輕人，你的一生衣食無憂了。」

事實證明，這個預言完全正確。曼斯菲爾德爵士曾經說，他要嘛不接案子，一接就是年薪3000里拉。斯科特的情況也差不多。他年僅32歲，就被任命為皇家法律顧問，並擔任北部巡迴法庭首席法官，還成為威布雷市的議會代表。

雖然早年的工作非常不如意，但斯科特沒有退縮，持續勤奮地學習，為他後來的成功打下堅實的基礎。他憑著意志力、知識、能力、勤奮，贏得了成功。後來，他還被任命為司法部長。很快，他升到最高職位——皇家授予的英國貴族大臣。他擔任這一職務達25年之久。

從普通家庭走出的大師

英國最著名的藝術家都出生於普通家庭。庚斯博羅和培根的父親都是裁縫，巴里的父親是一名愛爾蘭水手，馬克里斯的父親是科克的一位銀行學徒，歐佩、羅姆尼及伊尼格‧瓊斯的父親都是木匠，韋斯特的父親是（北美洲新英格蘭地區）賓夕法尼亞州費拉德爾菲爾（費城）的一個小農場主，諾思克特的父親是一個鐘錶匠，傑克遜的父親是一個水手，艾迪的父親是一個印刷工，雷諾、威爾遜及威爾基的父親都是小文員，勞倫斯的父親是酒館老闆，特納的父親是一個理髮師。

當然，也有幾位畫家出生於與藝術有關的家庭，不過地位不高——例如弗拉克斯曼，他的父親是一個賣石膏模型的，伯德的父親是給茶盤雕花的，馬丁的父親是一個馬車油漆匠，萊特和吉爾培的父親都是船油漆匠，查特雷的父親是一個雕刻家和鍍金工人，大衛‧科克斯、斯坦福德和羅伯特的父親都是風景畫家。

雖然沒有人確切知道莎士比亞的出身，但毫無疑問，他也是從一個平民發展成一代宗師。他的父親是一名屠夫和牧場主。有人認為，莎士比亞本人早期是一個紡織廠的梳毛工，另有人認為他是一所學校的傳達員，後來又幹過公證處文員。他似乎是一個「典型的多面手」。他在一篇關於航海的散文中用詞過於精準，使人懷疑他曾經是一名水手；還有牧師斷定，他很可能是一名牧區職員。一位有名

的伯樂則認為莎士比亞可能是一個馬販子。還有人說，莎士比亞無疑是一名演員，在一生中「扮演了很多角色」，匯集了在各行各業中打拼的體會。無論如何，他始終是一個勤奮的學生、一個努力的工作者。時至今日，他的作品仍然影響著英國國民個性、品德的方方面面。

在為崇高的天文學做出傑出貢獻的偉人之中，我們可以看到——考巴尼克斯，一名波蘭麵包師的兒子；卡普勒，德國清潔工的兒子，自己也不過是個餐廳的服務生；阿拉穆伯特，在一個冬天的夜晚，被遺棄於教堂的臺階，之後被育嬰堂撿到，並由一對玻璃工夫婦撫養成人；牛頓和拉普雷斯，一個是格拉薩穆附近一位小商販的兒子，另一個是霍夫萊附近布蒙特因奧格一個貧窮農家的孩子。儘管他們早年的成長條件都挺惡劣，但通過自身的努力，發揮聰明才智，他們贏得了流芳百世的聲譽，獲得了用全世界的財富都無法換取的成就。

苦難是人生的老師

逆境能造就堅強的人格。與富貴相比，貧困更能使人堅韌不拔，更能振奮人的精神和活力，磨練高尚的品德和情操。渾身充溢著挑戰精神的人大多希望能多遇到一些困難。他們瞭解，只有這樣，才能體現出他們的品德和天賦。他們視挑戰困難為樂事，從中獲得巨大的鼓舞和力量，在戰勝困難的過程中感受著自己的價值。

約翰・布里敦是《英國和威爾士的美人》一書的作

者。他還寫了很多頗有價值的建築學書籍。他出生於金斯頓一個非常貧寒的家庭，父親曾經做過麵包師和麥芽製作工。生意被人擠垮後，竟因此發了瘋。那時候，布里敦還是個孩子，幾乎沒有受過教育。幸好，他也沒有墮落。

早年，他在叔叔（克拉肯威爾一家酒店的老闆）那裏幹活，幫著裝酒、上瓶塞、儲存葡萄酒。一晃五年過去了，他突然被叔叔逐出了家門。五年間，他只攢了幾個硬幣。就是這點錢，伴他走了七年的漂泊生涯。

他經歷了種種災難和不幸，在自傳裏，他寫道：「我住在貧寒的地方，一星期只掙18便士，但是我沈迷於學習中，冬天晚上就在床上看書，因為我沒有錢生爐子。」他徒步來到巴思，找到一份管酒窖的工作。不久，他又來到大城市，身無分文，甚至沒穿襪子。

他終於在倫敦酒店找到一份管酒窖的工作。此後每一天，從早上7點到晚上11點，一直待在酒窖裏。待在這種漆黑的環境，加上過度勞累，使他的健康開始惡化。後來，他改行從事律師的工作，每星期的工資為15先令——那些年，他一直利用空閒的每一分鐘練習寫作。工作期間，他也抽空逛書攤。買不起書，就站在那裏看。通過這種方法，他積累了很多知識。過了幾年，他換了一家律師事務所，工資漲到20先令一星期。他仍然堅持看書。

28歲時，布里敦出版了自己的第一本書：《皮薩羅的求職經歷》。從那以後直到去世，將近55年的時間，他一直從事文學創作。他出版的作品達87部，其中最重要的是《英國大教堂的古代風習》，總共14卷，是一部偉大的作品。這部作品本身就代表了約翰·布里敦不知疲倦的勤奮風格。

「苦難是人生的老師。」沒有經歷過像約翰·布里敦

所經歷的那種苦難之人一定要小心，應該有意識地磨煉自己，鍛造自己的堅韌品德。

「臭鞋匠」德魯的故事

　　塞繆爾·德魯的父親是康沃爾聖奧斯特爾教區的一個普通勞動者。雖然家境貧寒，但老德魯還是竭盡所能，把兩個兒子送到附近一所學校念書。那兒的學費是一星期一便士。大兒子賈伯茲學習的天賦較高，各門功課進步很大。小兒子塞繆爾卻像個傻瓜，還因為淘氣、經常逃學而臭名昭著。年僅8歲，他就參加勞動了，在一個錫礦場做洗礦槽工，一天掙3分半。

　　10歲時，塞繆爾在一個鞋匠的店裏當學徒，吃了不少苦——他後來說：「活得像耗子下面的一隻癩蛤蟆。」他屢次想逃跑，還想去當海盜。

　　隨著年齡的增長，他好像越來越無知，總是帶頭搶人家的果園。稍大些，又去參加走私。

　　大約17歲那年，學徒期還沒滿，他果真逃跑了。他想去當海盜。還好，在草堆裏睡了一宿後，他似乎變得清醒了些，第二天又回去當學徒了。

　　之後，塞繆爾·德魯來到附近的普利茅斯從事修鞋生意。其間還在棍棒演出中獲過獎，玩起打打殺殺。他看起來是個十足的老手。在那裏，一半是冒險心萌動，一半是利益的驅使，他參加了一次走私行動，差點送了性命。

　　一天晚上，一個消息傳遍了卡拉夫特霍爾——有一艘

走私船將在這裏靠岸。聽到這個消息，這個地區所有的男子——幾乎全是走私犯——來到岸邊。一部分人在岸上發信號，處理卸下來的貨物，另一部分人負責裝配船隻。

德魯被分在第二隊人馬中。那天晚上天色暗到伸手不見五指，貨物還沒卸多少就起了風，海浪非常大。小船上的人決定再堅持一會兒。德魯所在的那艘船，有個人的帽子被風吹掉了。那人伸手去抓帽子，船弄翻了。三個人全身都濕透了。其他人立即抓住小船，小船卻向大海漂去。他們只能各自游回岸上。

出事地點離海岸大約2哩遠，夜色很濃。德魯等人大約游了三個小時，終於觸到岸邊的岩石。然後他們在那兒一直待到天亮。被人發現時，他們已經凍得渾身麻木，奄奄一息。救他們的人從貨船上搬下一桶白蘭地酒，用斧子敲開，往他們嘴裏灌。終於，他們稍稍恢復力氣，可以走回住處。從岸邊到德魯的住處大約2哩遠，觸目所見，都是厚厚的積雪。

這就是年輕的德魯，滿腦子冒險的幻想，一個飯桶、果園搶劫者、修鞋匠、耍木棍的、走私犯。幸運的是，他及時改變了人生的方向。

死裏逃生之後，他回到聖奧斯特爾，找到一份工作，開始嚴肅地對待人生。他喜歡上亞當‧克拉克博士的講演，慢慢變成另一個人，開始勤奮學習。

回顧那段日子，德魯說：「書看得越多，越覺得自己多麼無知，越激發了超越自己的雄心壯志。從此，我把每一刻的空閒時間都用來看各個領域的書籍。由於還要打工養活自己，時間不多，我就一邊吃飯，一邊看書。每頓飯，我都能看上五、六頁。」

在熟讀了洛克的《論理解》一書之後，他的思想開始轉向形而上學。

「它把我從昏迷中喚醒，」他說：「促使我下決心拋棄原已習慣的無賴習性。」

德魯開了個修鞋鋪子。最初的資本只有幾先令。但他憑著沈穩的性格，得到一家麵粉廠主的支持，弄到了一筆貸款。這小生意做得很成功，不到一年，就把欠債還清了。他差不多是「白手起家」。為了減少開銷，他經常不吃晚飯，力圖通過勤奮努力、勤儉節約，獲得獨立。同時，他用功學習，提升自己的思想層面。

他一邊做修鞋生意，一邊研究形而上學，還擔任當地一個組織的領導人。這個修鞋鋪子成了當地政治家最常光顧的地方。他們不來，德魯就去拜訪他們。他白天的時間基本上被政治占滿了，但又必須修鞋。這樣一來，他每天都工作到深夜。村裏的人時常議論著這個以前的走私犯、今天的修鞋匠對政治的熱衷。

某一天，一個小男孩看見他的窗戶裏亮著燈，就朝著屋裏大喊：「臭鞋匠，臭鞋匠！白天瞎逛，晚上工作！」

這時候，德魯正忙著修鞋。

後來他對一個朋友說起此事。

朋友問他：「你沒有去追那個小孩，把他捆起來？」

「沒有，沒有！」他回答：「那喊聲就像槍聲在我的耳邊響起，我驚呆了。我放下手頭的工作，自言自語：『不錯，不錯！我是個臭鞋匠！不過，以後你再也不會這麼叫我了。』」

當《理性的時代》這本書出版，德魯寫了一本反駁它的小冊子。這使他成了一名作家。那以後，他出版了各種

各樣的小冊子。他的佳作《論人類精神的無形和不朽》不斷再版，好評如潮。

在很長一段時間裏，他仍然修鞋，仍然忙裏偷閒地學習，而且修鞋和學習兩不誤，一邊吃飯一邊看書的習慣也沒變。成家以後，夫人經常對他大喊大叫：「專心吃飯！」他的很多作品是在孩子們的哭聲中、在搖籃邊完成的。

由於德魯從來不像很多年輕作家那樣吹噓自己的成功，因此很長時間以後，他才被公認為一名作家。附近的人經常看見他打掃門前的馬路，幫助學徒運冬天的煤。他也沒把文學創作當成賴以謀生的職業。他首先用修鞋的事業養活一家人。就像他自己說的，他只在業餘時間進行「文學成功的抽獎活動」。

不過，最後德魯還是將全部精力投入了文學創作。他出任過工會的雜誌編輯，監督他們出版宗教作品，還在《折中主義論壇》中發表文章，編輯和出版了一部非常有價值、有關他自己的家鄉康沃爾的歷史作品。晚年，他這樣評價自己：「出生於社會最底層，一生都在努力通過真誠的勤奮、勤儉節約和較高的道德品質，換取外界對我家人的尊重。感謝上帝的眷顧，我的努力終於得到回報，我的願望也實現了。」

富貴是比貧困更大的障礙

成功不是天上掉下的餡餅，成功是自己不懈地努力和實踐的結果。任何成就都無法投機取巧，不勞而獲。懶散

的人根本與成功無緣。只有勤勞和智慧才是最大的財富。

　　就算是那些出生於顯貴家族的人，他們個人所達到的成就和聲望也只能通過自己的奮鬥而獲得。土地和財富可以從父輩手裏繼承，個人的知識和智慧卻繼承無路。有錢人可以雇人來為他做體力勞動，思索卻無人能夠代勞。他必須自己思考，發展自己的智力和見識。成功之前，人人平等。無論出身貧賤或富貴，自身的努力是惟一足以獲得成功的方法。

　　遺憾的是，許多人都能挺起胸膛，勇敢地面對貧困，樂觀地克服障礙，卻經不起富貴的誘惑。衣食無憂，不一定就能造就寬厚的稟性。許多人有了錢之後，心腸反而變硬；原本小氣、吝嗇、卑躬屈膝的人有錢之後仍然大方不起來，反而一副小人得志更猖狂的嘴臉。

　　貧窮可使堅毅的人更加不屈不撓。

　　伯克說：「困境是一位嚴師，它瞭解我們甚於我們瞭解自己。就像我們的摔跤對手可以增強我們的力量，熟練我們的技巧，是我們最大的助益者。」

　　沒有逆境的生活簡單又無趣，生命的價值也會驟減幾分。不斷面對困難，不斷嘗試克服困難，不僅可以鍛鍊人的個性，還能教會人如何自我幫助。所以，逆境是最好的行為之師，常常以一種潛移默化的方式塑造你的生活。

　　事實上，在一個人成才的道路上，財富本身可能是個更大、更難以克服的障礙，比貧窮的障礙更大。一個人從窮變富，很容易就躺在金子堆中安逸享樂、自我放縱、荒淫懶散。這是人的貪欲本性使然。

　　拉格朗日的父親曾是天文學家和數學家，也是圖林戰爭財產辦公室的財務總管。由於投機經營，他毀掉了自己

的前程，他的家庭也因此陷入貧窮的困境。正是因為拉格朗日能夠適應這樣的環境，才使他成就了自己的事業，享盡聲望和幸福。

「如果我很富有，」他成名後說：「也許我就不可能成為數學家了。」

比釘子還硬的意志力

福利家族的創始人——理查德‧福利是查爾斯一世時期斯坦布里奇附近的一個小自耕農。那個地方是中部城市製鐵業的中心，理查德也是這個行業中一個製造釘子的工人。他天天觀察，發現當時用鐵棒製釘子的工序非常笨拙，浪費了很多勞力和時間。

在更廉價的釘子從瑞典進口以後，斯坦布里奇地區的釘子迅速失去了市場。瑞典人之所以能將釘子的成本降下來，是因為採用了分裂機和其它機器。而英國人仍然採行繁雜的工序，人工準備製作釘子的鐵棒。

理查德‧福利弄明白這些關鍵之後，決定改革製釘工序。他突然從斯坦布里奇失蹤了，然後很多年，故鄉的人都不曾聽到他的消息，連他的家人都不知道他去了哪兒。理查德‧福利是怕萬一失敗，無顏面對家人與鄰居，因此沒有透露他的形蹤。

他身上只帶很少的錢，幾乎一文不名。但他還是想方設法，到達了赫爾。他在一艘開往瑞典的輪船上找到一份工作，抵了船票。他身上僅有的值錢之物是一把小提琴。

到達瑞典之後，他沿途乞討，來到烏普薩拉附近的丹內馬拉煤礦。他是一個很好的樂師，也是一個很樂觀的人，那些礦工很快就喜歡上他。

他進入鐵礦廠工作，幹所有的活兒，抓住一切機會，細心觀察，偷學鐵棒分裂的工藝。達到目的後，他又從鐵礦廠失蹤了，礦工朋友沒有一個知道他的去向。

他回到英國。他把失蹤以來的收穫告知了奈特先生和斯坦布里奇的另一個人，充滿信心地向他們籌集資金，建造工廠和機器，以便採用新的鐵棒分裂技術。但是機器開動之後，根本無法分裂鐵棒。大家都很惱火。

福利再一次失蹤了。認識他的人以為這次他是永遠失蹤了。但他這次失蹤，並非因為懼怕失敗所帶來的恥辱和債務，像第一次失蹤那樣，他仍然是去找鐵棒分裂的祕密。這說明他具有一種鍥而不捨的精神。

他又來到瑞典，帶著那把快樂的小提琴出現在礦工朋友面前。大家都很高興他的重新出現。這一次，他們把他安排到鐵棒分裂廠。他們以為福利什麼都不懂，只會拉拉小提琴。迄今為止，還沒有人知道他一趟一趟跑來，究竟是幹什麼。

福利悄悄獲得了鐵棒分裂的真正祕密。他不再像第一次那樣魯莽，而是仔細檢查了整個工作流程，發現了以前失敗的原因。他對那些機器做了很多繪圖和記錄，雖然他從來沒有畫過這樣的圖，但他還是想方設法把那些東西畫下來。當他確信自己的觀察已沒有差錯，確信自己已經掌握了那些機器的奧妙之後，他又一次失蹤。

上帝知道，無論他失蹤多少次，像他這樣不達目的，誓不罷休的人，肯定會引人注目。他回到英國，那些機器

便正常運轉了。朋友們大為驚訝。

後來，通過精湛的技術和勤奮的工作，他創造了巨大的財富，把生意擴展到其它城市和地區。

鍥而不捨，尋找美洲

哥倫布，一個貧苦的紡織工人之子。他付出艱苦卓絕的努力，去實現一個理想。當時的人都說地球是一個盤子，他卻相信地球是圓球形的，還要去證明。他不停地奔走於各個國家之間，向各國君主描述他頭腦中的新世界——就在地球的另一半，大海的另一邊。他宣稱，自己是得自上帝的旨意，才打算去那裏。實際上，他希望成為一個總督，一個貴族。

剛開始，他試圖說服自己的熱那亞同胞。可是，沒有一個人願意幫他的忙。他來到葡萄牙，向葡王約翰二世呈獻他的計畫。約翰二世把它轉交給議會。議員們譏笑這是個奢侈浪費和癡人說夢的構想。

約翰二世力排眾議，採納了哥倫布的計畫。於是，哥倫布出海了，一艘艘大船上高高飄揚著葡萄牙的國旗。但是，狂風暴雨逼得他們在四天後返回了里斯本。

哥倫布再一次向政府提出他的計畫。這次他失敗了。他沒有心灰意冷。發現新大陸，已成為他生命中不可動搖的目標。他輾轉來到西班牙，在安達露西亞的巴洛斯鎮登陸。他很湊巧地來到一家聖芳濟會的女修道院，敲開門，討了一些水和麵包。

你不必在乎的9件事
9 Matters You Don't Have to Care

修道院院長盛情款待了這個陌生人。得知他的經歷之後，這院長鼓勵他堅持理想，還安排他進入西班牙王宮。國王弗迪南德彬彬有禮地接見了他。聽了他的遊說之後，國王立刻組建一個理事會，認真討論他所提出的計畫。

　　哥倫布不僅要回答理事會的人提出的質疑，還要對《聖經》上的引語做出反應。最後，西班牙的神職人員宣稱：「哥倫布的地球理論與神的旨意相悖。」在他們看來，地球就像一個無邊無際、平平展展的圓盤，如果在海洋的另一端還存在新大陸，那麼，人類就不可能都是亞當的後代了。哥倫布被當成一個傻瓜，驅逐出境。

　　他仍然為理想東奔西走。他先後寫信給英格蘭和法國國王，都石沈大海。

　　1492年，路易斯·聖安琦把他引薦給西班牙女王伊莎貝拉。女王對哥倫布的事業充滿信任，給予大力支持，甚至還參與到這個行動中來。他們用三艘小噸位的輕快帆船組成了一支艦隊，其中只有一艘安裝了甲板。1492年8月3日，哥倫布從巴洛斯港口起航。

　　他已經與人類的愚昧無知對壘了很久，現在又必須設法戰勝海員的迷信心理。為此，他進行了長期而艱苦卓絕的奮鬥。茫茫大海的神祕變幻、深不可測，食物緊缺的危險隨時可能出現，無聲無息、無限延展的航海線路乏味而寂寞，他們找到新大陸的希望一次又一次落空。在這種境遇中，海員中多次發生暴動。哥倫布把它們一一化解了。

　　經過70天的航程，他們終於發現了新的陸地。後來，它被命名為聖薩爾瓦多島。古巴和海地島又相繼被發現，哥倫布以西班牙國王和皇后的名義佔領了它們。在海地島，他們修築了堡壘，留下一個司令官和一些隨從人員。哥倫

布則率領船隊回到西班牙。

他受到無比熱烈的歡迎，聲名大噪。不僅西班牙人，全世界都聽到他的大名。他在西班牙沒待多久，再次起航，去尋找美洲。這次是14艘小噸位輕快帆船和3艘大船，隨行的船員大約1200人，其中包括一些渴望黃金的貴族。他們發現了瓜達爾歐培、牙買加，考察了聖多明各和古巴。

但是，貴族們夢想中的金子並沒有出現。他們失望了，開始鬧事。流血衝突爆發了。哥倫布試圖鼓舞所有人的士氣，但徒勞無功。他們藐視哥倫布，把他當成一場悲劇的始作俑者。

哥倫布第二次回到西班牙，沒有受到上次那樣的熱烈歡迎。西班牙統治者出於好奇，接待了他，但多少有些冷淡。哥倫布發現，多數朝臣對他滿懷妒忌。儘管如此，他還是開始了第三次冒險。他的探險隊乘坐6艘大船，繼續尋找新大陸。這次，他們發現了美洲大陸，發現了加勒比海的其它島嶼。

這時，聖多明各的土著受不了西班牙人的殘酷統治，開始造反。西班牙的殖民者也發生了內訌。面對這種局勢，哥倫布極為痛心，他寫信敦促國王向聖多明各派遣官員和法官，進行有效的治理。

國王在朝廷那幫佞臣和滿心嫉妒的小人唆使下，派波巴迪勒前往聖多明各，任命他為新大陸的統治者，授予他一切權力。這個人並不是一名公正的法官，而是一個殘酷的劊子手。他踏上新大陸的第一件事就是把哥倫布和他的兩個兄弟一起關進牢房，接著派阿勒恩茲·維勒格把他們押回西班牙。

哥倫布全身綁著鐵鏈，像罪犯一樣被押上船。途中，

維勒格對這位偉大的航海家所遭的不幸大感同情，有意為他鬆開鐐銬。哥倫布卻喊道：「不必了！這是西班牙對我努力工作的報償，我要把它留下來作為紀念。」

哥倫布的兒子弗南德後來這樣說：「我看見父親把這些鐐銬掛在櫥櫃裏。他吩咐，要讓這些東西為他陪葬。」

船隻返回西班牙之後，國王和皇后為波巴迪勒的行為感到羞恥，下令釋放哥倫布。哥倫布氣憤難平：「這個世界給了我千百次磨難，直到今天，我完全戰勝了它們。但是，我卻不能保護我自己。我既不能用武力也不能用精神來保護。他們自始至終是那麼野蠻地對待我啊！」

然而，哥倫布的熱情和高尚的精神仍然彌漫在廣闊的海洋上。他努力不懈，得到第四次出海的機會。這一次，他想為西班牙人民帶來富裕的生活。他發現了基尤納加島。他繞宏都拉斯、尼加拉瓜和巴拿馬海岸線航行，最後在威格阿斯登陸，在山脈中發現了豐富的金礦。

他試圖在本蘭河流域尋找一塊殖民地，卻遇到兇猛的風暴。他的船快要破裂了，不得不前往聖多明各修理。因為疲憊和痛苦，他已老態龍鍾，精疲力竭，心力交瘁。當船員們反叛他，威脅著要他的命時，他再也無法還擊了。沒有一個人幫助他。此時，陸地突然出現在眾人的視野中。他終於安全抵達了聖多明各。

他說：「沒有關係，這就是命運！」

PART 3

第三章

做人不必在乎沒得第一

最優秀的人就是你自己

相信自己，你才能成為最優秀的人。

有這樣一個動人的傳說：古希臘的大哲學家蘇格拉底臨終前道出一個不小的遺憾——他多年的得力助手，居然在半年多時間裏，沒能幫他找到一個優秀的關門弟子。

事情是這樣的：

蘇格拉底在風燭殘年之際，知道自己時日不多了，就想考驗和點化一下他那位平時看來很不錯的助手。

他把助手叫到床前，說：「我的蠟燭所剩不多了，得找另一根蠟燭接著點下去。你明白我的意思嗎？」

「明白！」那位助手趕忙回答：「您的思想之光輝必須很順利地傳承下去……」

「可是，」蘇格拉底慢悠悠地說：「我需要一位優秀的傳承者，他不但要擁有相當的智慧，還必須具備充分的信心和非凡的勇氣……這樣的人選，直到目前，我還未見到。你幫我尋找和發掘一位好嗎？」

「好的，好的。」助手很溫順、很尊崇地說：「我一定竭盡全力去尋找，不辜負您的栽培和信任。」

蘇格拉底笑了笑，沒再說什麼。

那位忠誠而勤奮的助手不辭辛勞，通過各種渠道，開始四處尋找。可他領來了一位又一位他找到的人才，都被蘇格拉底否決了。

有一次，這位助手無功而返，回到蘇格拉底的病床

前。病入膏肓的蘇格拉底硬撐著坐起來，撫著這位助手的肩膀說：「真是辛苦你了！不過，你找來的那些人，其實還不如你……」

他笑了笑，不再說話。

半年後，蘇格拉底眼看就要告別人世，最優秀的人選還是沒有眉目。

助手非常慚愧，淚流滿面地坐在病床邊，語氣沈重地說：「對不起，我令您失望了！」

「我的確失望，但你對不起的是你自己。」蘇格拉底說到這裏，很失意地閉上眼睛。

停頓了許久，他又不無哀怨地說：「本來，最優秀的人就是你，只是你不敢相信自己，把自己給忽略了，不知道如何發掘自己……」話未說完，這一代哲人就永遠離開他曾經深切關注的這個世界。

那位助手非常後悔，甚至自責了後半生。

雖然這只是一個傳說，但其中深刻的寓意足以讓我們每一個人思慮再三。

為了不重蹈那位助手的覆轍，每個嚮往成功、不甘沈淪者都應該牢記先哲的這句至理名言：「最優秀的人就是你自己！」

完美永遠不會成為現實

人生沒有完美可言，完美只在理想中存在。生活中處處都有遺憾，這才是真實的人生。因此，人不能苦悶於那

種「完美」的追求，以免留下更多的遺憾。

　　有個叫伊凡的青年，讀了契訶夫「要是已經活過來的那段人生只是個草稿，有重新謄寫的機會，該有多好」這段話，十分神往，打了一份報告呈給上帝，請求在他的身上搞個試點。

　　上帝沈默了一會兒，看在契訶夫的名望和伊凡的執著份上，決定讓伊凡在尋找伴侶一事上試一試。

　　到了結婚年齡，伊凡碰上一位絕頂漂亮的姑娘。姑娘也傾心於他。伊凡感到非常理想，他們很快結成夫妻。

　　不久，伊凡發覺那姑娘雖漂亮，可一說話就「豁邊」，一做事就「翻船」，兩人的心靈無法溝通。他把這第一次婚姻當成草稿，給抹了。

　　伊凡第二次的結婚對象，除了絕頂漂亮以外，又加上絕頂能幹和絕頂聰明。可是，也沒多久，他發現這個女人脾氣很壞，個性太強。聰明成了她諷刺伊凡的「利器」，能幹成了她捉弄伊凡的手段。他不像她的丈夫，倒像她的牛馬、工具。伊凡無法忍受這種折磨。他祈求上帝，既然人生允許有草稿，請准予他投第三稿。

　　上帝笑了笑，應允了。

　　伊凡的第三次婚姻，因為妻子有許多優點，加上脾氣特好，婚後兩個人和睦親熱，都很滿意。半年下來，嬌妻卻不幸患上重病，臥床不起，一張病態的黃臉很快抹去了年輕和漂亮，能幹如水中之月，聰明也一無是處，只剩下毫無魅力可言的好脾氣。

　　從道義角度，伊凡理應與妻子廝守終生。但從生活的角度看，這種日子無疑相當不幸。人生只有一次，無比珍貴。他試探能否再給他一次投稿的機會。

上帝這一次面露慍色。但想到試點，最後還是寬容地允許他再作修改。

伊凡經歷了這幾次折騰，個性已然成熟，交際越發老練，最後終於選到一位年輕、漂亮、能幹、溫順、健康，要怎麼好就怎麼好的「天使」女郎。他滿意透了，正想向上帝報告成果，向契訶夫稱道睿智，不料，「天使」竟要變卦。她知悉伊凡是一個朝三暮四、貪得無厭，連病中的妻子也不體恤的浪蕩子，遂提出解除婚約的要求。

上帝很為難。但為了確保伊凡的試點，未允。

「天使」說：「我們許多人被伊凡當成草稿。如果試驗是為了推廣，難道我們就不能有為自己打一次草稿和謄寫的機會？」

滿肚狐疑的伊凡正在人生之路上踟躕，忽見前方新豎一桿路標，是契訶夫二世所寫：「完美是一種理想，允許你十次修改，也不會沒有遺憾！」

寧做老二，不做老大

如能好好地當「老二」，當主客觀條件具備，自然會變成「老大」。這個時候的老大才是真正的老大。

筆者的朋友老唐生了對龍鳳胎，都很可愛，長大後性格卻很不一樣。

兒子從學校回來，興奮地告訴老唐：「爸爸，我被評為好學生啦！看，還有一朵小紅花呢！」

「好兒子，真爭氣！」老唐高興地拍了拍兒子的腦

袋，誇獎他。然後又習慣性地問道：「兒子，你們班裡評上好學生的人不多吧？」

「大家都評上了好學生！」孩子得意地答道。

老唐一聽，滿臉的笑容立馬不見。

另一次，老唐的兒子參加了學校的田徑賽，在四百米比賽中，得了第二名。

回到家後，孩子一邊拿出獎狀向父親邀功，一邊上氣不接下氣地描繪著那場「激動人心」的比賽。

父親看了看一臉興奮的兒子，驚訝地問道：「貝貝，每次賽跑，你不都是第一名嗎？這次跑了第二，你怎麼會如此高興？」

「老爸，您不知道，那個最後跑第一的傢伙讓我追得有多慘，跑完比賽，都快趴下啦！」

純真的小孩懂得的事固然不如大人多，他們卻知道怎樣想最快樂。難道這一點還不值得我們學習嗎？

再做一次孩子吧！儘管可笑，卻能讓我們那顆在凡世塵埃中業已污濁暗淡的心靈重獲一縷新鮮的感動。

老唐的女兒卻是一副爭強好勝的性格，每天都第一個到校，第一個進教室，等待一天的開始。就是和弟弟一塊兒上學，她也一定要走在前面，從不允許弟弟「越位」。

筆者問她為什麼。她帶著靦腆的笑容回答。

原來，她的成績全班第一，又是美人胚子，又比弟弟大，因而很喜歡「第一名」的滋味。但有一次元旦，姐弟倆剛走到教室門外，弟弟一看到教室裏的元旦彩球，忘規「越位」，「第一個」衝了進去，然後回頭望著她，露出勝利的微笑。她的光芒頓時隱去，她的心隱隱作痛。她忍住淚水問道：「第一是我的，你怎麼可以……」她說不出下

面的話。她連這個「第一」也不願失去。

　　幾年前看過一篇IT人物的專訪報導，受訪者是一位電腦業的老闆。這位老闆在提到他的企業與另一家企業孰大孰小的問題時，他說他不想去跟那一家比，也不必跟它比。他強調他採取的是「老二政策」。

　　他說，當「老大」不容易，因為不論研發、行銷、人員、設備，都要比別人強，為了怕被別的公司趕超過去，便需不斷擴充、投資；換句話說，就是要花很多力氣維持「老大」的地位。這樣做太辛苦了。而且，一旦出現問題，不但老大當不成，甚至連當老二都不可能。

　　這只是他個人的想法，因為並不是當「老大」就一定會很辛苦，有人就當得輕鬆愉快。

　　想當老大、老二或老三，純粹是觀念問題。不過，這位老闆所說的也是事實——當「老大」的要費很多力氣維持「老大」的地位。

　　不只經營企業如此，上班拿薪水也一樣。比如主管是部門的「老大」，為了保住他的位子，不但要好好帶領下屬，還得和上級搞好關係。做出成績的時候，主管當然功勞第一。但出現過失，主管也首當其衝。當副主管的就沒有這麼多麻煩。表面上看來，他不如主管風光，但因為上有主管遮風蔽雨，可以避開很多辛苦。

　　所以很多人寧可當副手，不願當主管。甚至有人當副手時沒事，一當主管就生病了。當「老大」，難啊！

　　說了這麼多，筆者並沒有教你別當老大的意思。如果你有當老大的本事，也有當老大的興趣和機會，那就去當吧！但如果你自認能力有限、個性懶散，那麼，就算有機會，也不要去當老大。因為當得好就好，沒當好，一下子

變成老三、老四，不但對自己是個打擊，更可能迎來這樣的批評：「某某人不行！」或是：「某某人下臺了，聽說他摔得很慘！」……你一旦從「老大」的位子上摔下來，就難免有人落井下石。於是，本來還可當老二，卻可能連當老三、老四都成問題。

經營企業也是如此，「龍頭老大」的位子一旦不保，就會給人「某某公司倒了」的印象，於是兵敗如山倒……

「老大」之路真是一條不歸路啊！所以，當「老二」的確也有其顧到現實的一面。這也就是許多人寧當「老二」，不當「老大」的原因之所在。

當「老二」還有其它好處：靜看「老大」如何構築、鞏固、維持他的地位，他的成功與失敗，都可成為你的指標；可趁此機會培養自己的實力，以迎接當「老大」的機會（假如你有當「老大」的意願）；因為志不在「老大」，就不會太急切，得失心太重，勉強自己去做力不從心的事，從而能保全自己，降低失敗的機率。

另起一行，爭取第一

假如你生性好強，不甘平庸，無須煩惱。地位的高低與否有不同的判準。只要你肯換個角度觀察，你同樣可以「居高臨下」，位列第一。

有一位念小學的女孩，每天都第一個到校，第一個進教室，等待一天的開始。有一天，她的同學途中遇到她，問她為什麼每天都那麼早到校。她帶著靦腆的笑容，回答

了這個問題。

原來，她的成績不怎麼樣，長相也普通，從不知「第一名」的滋味是什麼。某一天，她第一個到達教室，竟意外地感受到一種類似於「第一名」的喜悅。她很快樂，也有了期待。

她一面走著，一面向同學袒露心中的小祕密，周身散發出一股期待及喜悅的光芒。接近教室時，她心中甚至升起一陣不小的興奮和快感……

也許在現實生活中，你也是一個始終與「第一名」無緣的人，眼看著別人表現出色，自己卻永遠居於人後。你心中會不會感到不平衡？

小謝是一位熱力四射、才華橫溢的年輕人，經常是社團中令人注目的熱點，認識他的人幾乎都可以感受到他熱情的付出。

在他交了女朋友之後，他的一個朋友開玩笑地問他：「那現在我在你心中排第幾呀？」

他想也不想，便答道：「第一。」

朋友疑惑地看著他，又問：「怎麼可能？你女朋友應該排在第一位呀！」

小謝狡黠地笑了笑，然後說：「你當然排第一，只不過是另起一行罷了。」

生活中、工作中，每個人都期望得到第一的位置。其實，要拿到第一也很容易，就看你願不願換個角度——只要「另起一行」，每個人都有可能拿第一。

落後於人，敢於承認自己的不足

　　很多人常常覺得自己處處不如人。家務上，不如勤勞能幹的主婦；工作上，不如善於察言觀色的同事；處理人際關係，甚至不如12歲的女兒；對新知識的運用與掌握，不及年輕人迅速靈敏；碰到複雜的事物，缺乏長輩的練達、長袖善舞。最糟的是，遇到緊急情況，缺乏應變能力，反應遲鈍；甚至明明穩操勝券的事，偏偏輸得一塌糊塗。

　　某人曾洋洋自得地對筆者說：「你不用和我吵，你根本吵不過我！」想想也是。口訥，碰到情急的事，往往張口結舌，判斷失焦，忘記事情的核心點及對方理論的關鍵，莫名其妙地被對方的聲勢所壓倒，真是窩囊。小時候外婆的忠告真是金玉良言：「會拉有被，會說有理。」世上確有是非，卻還得看你怎麼說，和誰說。

　　調子放得最低，心態修煉得最靜，經歷了幾番風雨、幾輪挫折，漸漸地，筆者也想明白了，一個人不可能處處勝於人。有得必有失。樣樣齊全了，你也許會遭到更多意料不到的天災人禍。就像小病小災纏綿一生的人，往往安享天年，而無病無痛、大紅大紫的人反可能遽禍忽至，防不勝防。命運無常，做什麼都要留個餘地。

　　其實，從另一個角度說，敢於不如人，也是某種程度上的自信。只有敢於不如人，才能勝於人。天外有天，樓外有樓，一個人怎能時時處處勝過所有人呢？每個人都有自己的優點與優勢，也都有自己的缺點與短處，揚長避短

才是機智。拿自己最不擅長的柔弱之處去硬碰別人修煉得最拿手的看家本領，其結果可想而知。

人有各種潛能與優勢，但你不可能在所有地方都有機會發揮出來。你只能在某個地方用足你的力氣，在你無暇顧及的地方，你必然不如那些在這地方用足力氣的人。只有將這一點看明白了，你才能從容以對，搶得機先。

不一定非要成為最好

有的人喜好追求完美，事事都極盡挑剔──對別人挑剔，對自己也挑剔。實際上，他們的生活處處辛苦。他們的許多辛苦都是由錯誤的想法導致：為了愛我們的人，我們要力求完美。

每做一件事都要求完美無缺，必會因心理負擔增加而不快樂。許多不幸皆由追求完美所導致。世上沒有任何事物能達到十全十美。那麼，又何必凡事苛求。追求絕對完美是不現實的，過分追求完美，只會帶來痛苦。完美是相對的，重要的是用努力去彌補。我們生活中的伴侶不可能完美無缺，但我們的愛可以改變一切。

在人生的競技場上，不要把撞線當成最大的光榮。當了第一的人反可能變得脆弱。眾人之上的滋味嘗盡，一旦下落，感受到的只能就是悲涼。可是，在生命的每個階段，第一的誘惑總在眼前。於是，生命變成勞役。

站在第一位置的人不一定是勝利者。拿第一，只是一時的風光，贏不來一世順暢。爭第一的人，眼睛總是盯著

對手，為了得到第一，很多卑劣的手段都可能使出來。也許，每一個戰役，你都贏了。但夜深人靜，一個又一個傷口會看得你觸目驚心。何必把爭來的第一當成生命的獎盃！我們每個人只不過是和自己賽跑。在那條長長的人生路上，追求更好強於追求最好。

「英雄就是做他能做的事。平常人卻做不到這一點。」實際上，每個人無論做什麼事，都必定有他所能達到的最高階，不一定要強求自己超過某人。只要盡自己所能，問心無愧，最終達到什麼樣的高度並不重要。人活著，目標不妨定得高些，但在實際生活中，能及時瞭解和承認自己的局限，接受自己的局限，會令自己更加清醒，讓自己在必要的時刻及時轉舵，增強駕馭人生的能力。這樣，便能讓自己在有限的生命中得到更多更好的成績，使自己生活得更加充實、飽滿。

商場上同樣如此。美國有一家租車公司，長期以來都以第二自居，卻好評如潮。這家公司原本經營不善：冗員太多、員工的工作態度散漫。車子交到租車者手中，單就車表面骯髒的程度，就常被譏諷是「逃犯開的車子」。名聲到此地步，怎能不面臨倒閉的邊緣？儘管如此，這家租車公司的市場佔有率仍然不低，居第二。只是，離市場佔有率第一名的租車公司有好大一段距離；而第三名的公司正奮起直追，已相差不遠。

後來，公司聘請一位號稱「經營之神」的奚得任總裁。他到任後，對公司內部進行了大刀闊斧的改革。先是採取重罰重賞的方式，提高員工的服務意識和服務水平；接著，砸下重金，聘請廣告公司為公司做形象廣告。

廣告大師彭巴克經過一番調查和策劃，告訴奚得：廣

告上就坦率地告訴大家——我在租車業中排名第二。

奚得深感懷疑：「我們第二，人家幹嘛還要租我們的車子？」

答案是：「我們更努力。」

奚得接受了這則廣告，公諸大眾，坦坦白白，毫不諱言：「自己差，因此要更加努力。」這樣一來，不只對內部員工是當頭棒喝，對顧客而言，他們看到一家努力向上的公司，也看到它的改變。不久之後，公司的業績急速上升，市場佔有率愈來愈接近第一名。

公司所有的車子上都貼了奚得的電話。租車者一旦發現車子不清潔、有菸蒂等情況，可以直接打電話給他。他總是對顧客說：「我們第二，所以要更努力。」

生活不可能完美無缺。正因為有了殘缺，我們才滿懷夢想，追逐希望。為了夢想和希望而付出我們的努力時，我們才能擁有一個完整的自我。

生活不是一場必須拿滿分的考試，更像是一個足球賽季，最好的隊伍也可能輸掉其中幾場比賽，而最差的隊伍也有自己閃亮的時刻。我們的所有努力就是為了贏得更多比賽。若能在比賽中持續前進，並珍惜每場比賽，我們就可以贏得完整的自己。也就是說，我們嚮往完美，但絕不可凡事要求完美，否則就只能做永無止境的修改，最終仍達不到完美。

完美只是一種理想。在人生的旅途上，要學會接受「不完美」。接受不完美，如同接受不同的色彩。有不同的色彩，才可能擁有多彩的人生。而且，生活中有幾個「不完美」的斑點，會讓人更謙卑，更懂得珍惜。

不要計較自己的無能

　　你不可能「一無是處」，不要計較自己的無能。在這個世界上，每個人都潛藏著獨特的天賦，這種天賦就像金礦一樣，埋藏在我們平淡無奇的生命中。那些總在羨慕別人而認為自己一無是處的人，永遠挖掘不到自身的金礦。

　　法國文豪大仲馬成名前窮困潦倒。有一次，他跑到巴黎去拜訪他父親的一位朋友，請他幫忙找個工作。

　　這老先生問他：「你能做什麼？」

　　「沒有什麼了不得的本事，老伯。」

　　「數學精通嗎？」

　　「不行。」

　　「懂得物理嗎？或者歷史？」

　　「都不懂，老伯。」

　　「會計呢？法律如何？」

　　大仲馬滿臉通紅，第一次察覺到自己樣樣不行，只好說：「真慚愧！往後我一定努力補救我的這些不行。不久之後，我一定會給老伯一個滿意的答覆。」

　　老先生對他說：「可是，你要生活啊？將你的住處留在這張紙上吧！」

　　大仲馬無可奈何地寫下他的住址。

　　老先生突然興奮地說：「你終究有一樣長處，你的名字寫得很好呀！」

　　你看，大仲馬在成名前，也曾自認為一無是處。然

而，他父親的朋友發現了他的一個看似並不是什麼優點的優點——把名字寫得很好。

名字寫得好……也許你對此不屑一顧：這算什麼？然而，不管這個優點多「小」，它畢竟是個優點。你可以此為基，擴大優點的範圍。名字能寫好，字也就能寫好；字能寫好，文章為什麼不能寫好？

我們每個人，特別是缺乏自信的人，切不可把優點的標準訂得太高，對自身的優點又視而不見。你不要死盯著自己學習不好、沒錢、相貌不佳等等不足的一面，還應看到自己身體好、會唱歌、字寫得好等等原本不被外人和自己發現或承認的優點。

不要抱怨命運不公平

不能因為看到月缺，就說月球不是圓的；不能因為看到日食，就說太陽不是永恒的。任何一天都可能過得好或過得壞，沒有哪一天、哪種環境可以百分之百過得「好」。我們之所以常常抱怨生活不公平，是因為我們對自己的處境總是抱著悲觀的看法。

面臨困境，不要抱怨命運。抱怨，只會引得自己內心痛苦不堪，在怨天尤人的情緒中，把事情搞得越來越糟，把解決問題的機會錯過，終致一事無成。

其實，上蒼很公平。那些抱怨它的人只是因為沒能發現命運放在他們身邊的賞賜，常常捨近求遠，到別處尋找，尋不到，就忍不住嘀咕起來。實際上，機遇往往就在

你的腳邊。正確地講，是在你的心裏。

1972年，新加坡旅遊局呈給總理李光耀一份報告，大意是說：我們新加坡不像埃及有金字塔、中國有長城、日本有富士山。除了一年四季直射的陽光，什麼名勝古蹟都闕如。要發展旅遊事業，當真是巧婦難為無米之炊。

李光耀看過報告，在上面批了一行字：你希望上帝賜給我們多少東西？陽光總有吧？有陽光就夠了。

後來，新加坡就利用那一年四季直射的陽光，種花植草，在很短的時間內，發展成名聞世界的「花園城市」，連續多年，旅遊收入名列亞洲第三位。

有時候，命運在向你關閉一扇門的同時，會為你開啟一扇窗。世上的事都是多面的，我們看到的只是其中一個側面。這個側面也許讓人痛苦，但它通常可以轉化，任何不幸、失敗與損失，都可能成為有利的因素。

面對不幸，面對困境，我們所要做的不是怨天尤人，自暴自棄，而應該是不斷捕捉生存的智慧，承受苦難，直面打擊，在挫折中激勵自己不斷成長起來。

一個自以為很有才華的人一直得不到重用。為此，他愁腸百結，異常苦悶。

有一天，他質問上帝：「命運為何對我如此不公？」

上帝聽後，沈默不語，撿起一顆不起眼的小石子，把它扔到亂石堆中，然後說：「你去找回我剛才扔掉的那顆石子。」

這個人翻遍了亂石堆，終究無功而返。

這時候，上帝取下自己指頭的戒指，又扔到亂石堆中。結果，這一次，這個人很快便完成任務——找到那枚金光閃閃的金戒指。

上帝沒有再說什麼，這個人卻一下子醒悟了：當自己只不過是一顆石子，而不是一塊金光閃閃的金子，就不要抱怨命運對自己不公。

如果你在平凡的生活中堅持磨礪自己的意志和品格，最終把自己打磨成一塊閃閃發光的金子，那麼，任何人都掩不住你燦爛奪目的光輝。

忍受不公平的待遇，以平常心坦然面對，用微笑迎接一切困難，這個境界是我們應該努力追求的目標。

多年前，前美國財政部長阿濟・泰勒・摩爾頓到南卡羅來納州一家學院對全體學生發表演說。她走到麥克風前，掃視了全場，然後開口：「我的生母是聾子，因此她沒辦法說話。我不知道自己的父親是誰，是否還在人間。我這輩子找到的第一份工作是到棉花田勞動。」

台下聽眾全都呆住了。她繼續說：「一個人的未來怎麼樣不是得自運氣，不是繫乎環境，也不是來自生下來的狀況。如果情況不盡如人意，我們總可以想辦法加以改變。一個人若想改變眼前充滿不幸或無法盡如人意的情況，只要回答這個簡單的問題：我希望情況變成什麼樣？然後全身心投入，採取行動，朝理想的目標前進即可。」這時，她的臉上綻放出美麗的笑容。

假如當初摩爾頓一味地感歎命運「不公平」，抱怨「生不逢時」，肯定無法擺脫「到棉花田勞動」的境遇，更不用說成為美國的財政部長了。

在大千世界，漫漫人生，能正視不公平現象，做一個順應世事、安分守己的平凡人，安貧樂道，努力上進，埋頭苦幹，做自己應該做的事，很快地，你就會從歎息中脫穎而出，並且找到快樂。

第三章
做人不必在乎沒得第一
PART 3

古往今來，許多天才人物都生性樂觀、豁達，心地坦誠。他們蔑視權貴、淡泊名利，善於享受真正的生活，發掘蘊藏於生活中的無窮快樂。他們之所以總是洋溢著幸福和快樂，正因他們從不抱怨命運，總是充滿創造的活力。

　　威廉·詹姆斯說：「所謂災難，很大程度上歸結於人對現象採取的態度。受害者的心態只要從抱怨轉為奮鬥，壞事就可能變成令人鼓舞的好事。嘗試過避免災難而未成功，如果我們選擇面對它，樂觀地忍受它，它的毒刺也可能脫落，變成一株美麗的花。」

　　人會訂出目標，只要朝著這個積極的目標努力，自然能正常地發揮潛能，求得快樂。人只要發揮一個目標追求者的作用，不管環境如何，他都會感到十分快樂。

　　愛迪生有一間價值幾百萬美元的實驗室沒買保險而被大火燒掉了。有人問他：「你怎麼辦？」愛迪生回答：「我明天就開始重建。」他保持進取的精神。可以斷言：他絕不會因為自己的損失而抱怨上帝對他不公平。

　　如果生活成全了你，你務必心懷感激。即使生活為你設置了一些磨難，也無須嗟歎。它給你困境，是為了磨煉你的毅力，然後重用你。一個人不管經受了多少打擊，經歷了多少苦難，只要擺正自己的心態，便能治癒創傷，獲得希望，萌發新的生機。哪怕是身處於荒涼惡劣的環境，依然能夠發出自己的光和熱。

　　一個人只要精神不倒，任何坎坷都很難阻擋他！

PART 4

第四章 做人不必在乎工作的得失

不為薪水而工作

　　許多年輕人剛走出校門，總對自己抱著很高的期望，認為自己一開始工作就應該得到重用，獲取豐厚的報酬。他們在薪資上喜歡相互比較，似乎薪資成了他們衡量一切的標準。

　　事實上，剛剛踏入社會的年輕人缺乏工作經驗，難當重任，薪水自然不可能很高。於是，他們時常發出怨言。

　　也許是曾耳聞目睹父輩或他人被老闆無情地解雇的事實，現在的年輕人往往將社會看得比上一代人更冷酷、更嚴峻、更現實。在他們看來：我為公司幹活，公司付我一份報酬，等價交換，僅此而已。他們看不到薪資以外的東西，曾經在校園中編織的美麗夢想也逐漸破滅。信心消失，熱情泯沒，工作時總是虛應一番，能少做就少做，能躲避就躲避，敷衍了事。他們只想對得起自己所掙的工資，從未想過是否對得起自己的前途，是否對得起家人和朋友的期待。

　　之所以出現這種狀況，原因在於他們對薪水缺乏更深入的認識和理解。許多人因為自己所得的薪水太微薄，而將比薪水更重要的東西也放棄了，實在可惜。

　　不要為薪水而工作，因為薪水只是工作的一種報償，雖然直接，但也很虛幻。一個人如果只為薪水而工作，沒有立下更高尚的目標，他的人生必將乏善可陳。最終，受害最深的是他自己。

一個以薪水為奮鬥之目標的人，很難走出平庸的生活模式，得不到真正的成就感。雖然薪資是生活之所需，但是，從工作中還能獲得許多超乎信封中之鈔票的東西。

心理學家發現，金錢在達到某種程度之後，就不再誘人了。即使你還沒有達到那種境界，如果你忠於自我，就會發現金錢只不過是許多報酬中的一種。不妨請教那些成功的人士，他們在沒有優厚的金錢回報下，是否願意繼續從事自己的工作？大部分人的回答都是：「當然！我不會有絲毫改變，因為我熱愛我的工作。」

想要攀上成功之階，最明智的做法就是選擇一件即使酬勞不多，你仍願做下去的工作。你若熱愛自己所從事的工作，必將成為人們競相聘請的對象，獲得豐厚的酬勞。

不要為薪水而工作。工作固然是為了生計，但更可貴的是在工作中充分發掘自己的潛能，發揮自己的才幹。如果只為麵包而工作，那生命的價值就未免太低俗了。

人生不僅僅只有滿足生存的需要，還有更高層次的需求，以激發更高層次的動力。不要麻痺自己，告訴自己，工作不是為賺錢──人應該有比薪水更高的目標。

工作的質量決定生活的質量。無論薪水高低，工作中盡心盡力、積極進取，就能使自己得到內心的平靜。太隨意的人，無論從事什麼領域的工作，都不可能獲得真正的成功。將工作僅僅當作賺錢謀生的工具，太卑微了。

成功人士的經驗向我們揭示了這樣一個真理：只有經歷艱難困苦，才能獲得世界上最大的幸福，取得最大的成就；只有經歷過奮鬥，才能摘取勝利的果實。

比薪水更重要的是工作

　　為薪水而工作的人，看起來目標明確，卻不免因眼前的利益而蒙蔽了心智，看不清未來發展的方向。最終，即便奮起直追，也無法超越既成的現實。

　　那些不滿於薪水低而工作敷衍了事的人，固然對老闆造成損害，長此以往，必使自己的生命枯萎，希望斷送，一生只能做一個庸庸碌碌、心胸狹隘的懦夫。他們埋沒了自己的才能，湮滅了自己的創造力。

　　因此，面對微薄的薪水，你應當懂得，雇主支付給你的工作報酬固然是金錢，但你在工作中給予自己的報酬乃是珍貴的經驗、良好的訓練、才能的表現和品格的建立。這些東西與金錢相比，其價值要高出何止千萬倍。

　　工作所給你的，要比你為它付出的更多。如果你將工作視為積極的學習，那麼，你會發現，每一項工作中都包含著許多使你成長的機會。

　　年輕人，誠懇地奉告你們，當你們剛剛踏入社會，不可過分考慮薪水的多少，而應該注意工作本身帶給你們的報酬，譬如發展自己的技能、增加自己的社會經驗、提升個人的人格魅力……與你在工作中獲得的技能與經驗相比，微薄的薪資大可不必放在心上。老闆支付給你的是金錢，你自己賦予自己的是可以令你終身受益的黃金。

　　能力比金錢重要不止萬倍，它不會遺失或被偷。如果你有機會去研究那些成功人士，會發現他們並非始終高居

事業的頂峰。在他們的一生中，曾多次攀上頂峰又墜落谷底，起伏劇烈，但有一種東西永遠伴隨著他們，那就是能力。能力能幫助他們重返巔峰，俯瞰人生。

　　一般人都羨慕那些傑出人士所具有的創造力、決策力及敏銳的洞察力。他們並非一開始就擁有這種天賦，而是在長期工作中積累和學習到的。從工作中，他們學會了瞭解自我、發現自我，使自己的潛力充分發揮。

　　不為薪水而工作，工作所給予你的要比你為它付出的更多。如果你一直努力工作，一直在進步，留下一個沒有污點的人生記錄，你在公司甚至整個行業中就能擁有一個好名聲，這種良好的聲譽將陪伴你一生。

　　許多人上班時總喜歡「忙裏偷閒」，要嘛上班遲到早退，要嘛在辦公時間與同事閒聊，要嘛借出差之名遊山玩水……他們也許並不因此而被開除或扣減工資，但他們會落得一個不好的名聲，而且很難晉升。如果他們想轉換門庭，也不會有其他企業對他們感興趣。

　　一個人如果總是為自己到底能拿多少薪資而大傷腦筋，又怎能看到薪資背後可能獲得的成長機會？又怎能意識到從工作中獲得的技能和經驗，對自己的未來將產生多麼大的影響？這樣的人只會無形中將自己困在裝著薪資的信封裏，永遠不懂自己真正需要什麼。

做最優秀的員工

　　一位心理學家在研究過程中，為了實地瞭解一般人對

於同一件事，心理反應有何差異，來到一所正在建築中的大教堂，對現場忙碌的敲石工人進行訪問。

他問他所遇到的第一位工人：「請問，你在做什麼？」

那工人沒好氣地回答：「在做什麼？你沒看到嗎？我正在用這隻重得要命的鐵錘，敲碎這些該死的石頭。這些石頭特別硬，震得我的手酸麻不已。這真不是人幹的工作！」

他又問第二位工人：「請問，你在做什麼？」

第二位工人無奈地答道：「為了每天50元的工資，我才會做這件工作。若不是為了一家人的溫飽，誰願意幹這份敲石頭的粗活呀？」

他問第三位工人：「請問，你在做什麼？」

這工人眼光中閃爍著喜悅的神采：「我正參與興建這座雄偉華麗的大教堂。落成之後，這裏可以容納許多人做禮拜。雖然敲石頭的工作並不輕鬆，但每當我想到，將來會有無數的人來到這兒，接受上帝的愛，心中便常為這份工作而感恩不已。」

同樣的工作，同樣的環境，感受卻如此截然相異。

第一類工人已無可救藥。可以設想，不久的將來，他將得不到任何工作的眷顧，成為生活的棄兒。

第二類工人欠缺責任心和榮譽感，對他們抱著任何指望皆屬徒勞。他們抱著為薪水而工作的態度，肯定不是企業可依靠和老闆可依賴的員工。

該用什麼話讚美第三類工人呢？在他們身上，看不到絲毫抱怨和不耐煩的痕跡。他們具有高度責任感和創造力，充分享受著工作的樂趣。同時，因為他們努力工作，工作也帶給他們足夠的榮譽。他們就是每一種企業都想要

的那種員工，是最優秀的員工。

其實，最好的執行者都是自動自發的人，確信自己有能力完成任務。這樣的人，其個人的價值和自尊都發自內心，而不是來自他人。

第三類工人完美地體現了西方的工作哲學：自動自發、自我獎勵，視工作為快樂。這樣的工作哲學，是每一家企業都樂於接受和推廣的。持有這種工作哲學的員工，就是每一家企業所追求和尋找的對象。他所在的企業、他的工作，必會帶給他最大的回報。

人經常懷著類似第一類或第二類工人的消極心態，每天總是一開口就謾罵、批評、抱怨，四處發牢騷，對自己的工作沒有絲毫激情，在生活的無奈和無盡的抱怨中痛苦地生活著。

不論你過去對工作的態度究竟如何，都不重要，畢竟那已經過去了。重要的是，從現在起，你的心態如何？

讓我們像上述的第三類工人那樣，做最優秀的員工，時常懷抱著一顆感恩的心！

自動自發地工作

許多年輕人每天在茫然中上班、下班，到了固定的日子，領回自己的薪水；高興或抱怨一番之後，又是茫然地去上班、下班……他們從不思索關於工作的問題：什麼是工作？為什麼工作？這樣的年輕人只是被動地應付工作，為工作而工作，不可能投入自己全部的熱情和智慧。他們

只是機械式地完成任務，而不是去開發創造性的能量。

踩著時間的尾巴準時上下班，工作起來自然是死氣沈沈。我們工作，若只是出自無意識，我們對工作的熱情、智慧、信仰、創造力就不可能最大限度地激發出來，我們的工作自然不可能卓有成效。我們只不過是在「過日子」，甚或「混日子」罷了！

事實上，工作是一個包含了諸多智慧、熱情、信仰、想像和創造力的詞。卓有成效和積極主動的人，他們總是在工作中付出雙倍甚至更多的智慧、熱情、信仰、想像和創造力，而失敗者和消極被動的人卻將這些因子深深地埋藏起來，一味地逃避、指責和抱怨。

工作，首先繫乎人的心態。你必須發自肺腑，表現出一種對工作的真愛。工作，需要熱情和行動，需要努力和勤奮，需要一種積極主動、自動自發的精神。只有以這樣的心態對待工作，你才可能從工作中獲得更多獎賞。

那些每天早出晚歸的人，工作上不一定認真，那些每天忙忙碌碌的人不一定可以優秀地完成自己的任務，那些每天按時打卡，準時出現在辦公室的人不一定盡職盡責。對他們來說，每天的工作可能是一種負擔、一種逃避，他們並沒有做到工作所要求的那麼多、那麼好。

對每一家企業或每一個老闆而言，他們需要的決不是那種僅僅遵守紀律、循規蹈矩，卻缺乏熱情和責任感，不能夠積極主動、自動自發工作的員工。

工作不單是一個關於幹什麼事和得什麼報酬的問題，還關乎生命。工作就是自動自發，工作就是付出努力。正是為了成就或獲得某種東西，我們才專注於工作，付出精力。從這個本質來說，工作不是我們為了謀生才去做的

事，而是我們用生命去做的事！

　　成功取決於心態，是一個長期努力積累的過程。很少人能一夜成名。所謂主動，指的是隨時準備把握機會，展現超乎他人之要求的工作表現，以及擁有「為了完成任務，必要時不惜打破常規」的智慧和判斷力。瞭解自己工作的意義和責任，並永遠保持一種自動自發的工作態度，為自己的行為負責，是那些成就大業之人有別於凡事得過且過之人最根本的因素。

　　明白了這個道理，並以這樣的眼光重新審視我們的工作，工作就不致成為一種負擔，即使是最平凡的工作，也會變得意義非凡。

　　在各種各樣的工作中，當我們發現那些必須去做的事——哪怕並不是份內的事，也就意味著我們發現了超越他人的機會。因為在自動自發地工作背後，你必須付出比別人多得多的智慧、熱情、責任、想像和創造力。

培養良好的工作習慣

　　人的習慣是在不知不覺中養成的，是某種行為、思想、態度在腦海深處逐步成型的產物，它經歷了一個漫長的過程。因其形成不易，所以一旦某種習慣成型，就具有很強的慣性，極難拔除。它總是在潛意識裏告訴你，這件事應該這樣做，那件事應該那樣做。

　　在習慣的作用下，哪怕是做出了不好的事，你也會覺得理所當然。特別是在面對突發事件時，習慣的慣性作用

表現得更明顯。

比如說找藉口。如果在工作中，提出某種藉口，為自己的過錯和應負的責任開脫，第一次，你可能為自己帶來暫時的舒適和安全。但是，它所帶來的「好處」會讓你第二次、第三次又為自己尋找藉口，因為在你的思路中，你已經接受了這種找藉口的行為。

不幸的是，你很可能自此形成一種找藉口的習慣。這是一種十分可怕的消極心態，它會讓你工作時經常拖沓而缺乏效率，會讓你變得消極，最終一事無成。

人的一生中會形成很多習慣，有的好，有的不好。良好的習慣對一個人的影響不小，不好的習慣所帶來的負面作用更大。

下面所列是一個合格的管理者必須具備的習慣，每一個員工也都應該努力培養。這些習慣並不複雜，但功效非常顯著。如果你是一位管理者，或者你希望將來成為管理者，就應該從現在做起，努力培養這些習慣。

1・延長工作時間

許多人對這種習慣不屑一顧，認為只要自己在上班時間提高效率，沒必要再加班加點。實際上，延長工作時間的習慣對管理者非常重要。

一個管理者不僅要將本職的事務性工作處理得井井有條，還要應付其它突發事件，思考部門及公司的管理及發展規劃。有大量事務並不是在上班時間出現，也不是上班時間內可以解決。為此，管理者必須根據公司的需要，隨時投入工作。

針對不同的事務，超額工作的方式也有所不同。比如為了完成一個計畫，可以在公司加班；為了理清管理思

路，可以在周末看書和思考；為了獲取資訊，可以在業餘時間與朋友聯絡。總之，你所做的一切，必須使你在公司所交代的任務中更加稱職。

2．始終表現出你對公司及產品的興趣和熱情

你應該利用每次機會，表現出你對公司及公司所生產之產品的興趣和熱情，不論是在工作時間，還是下班後，不論是對公司員工，還是對客戶及業務上往來的廠商。

當你向某人傳達你對公司的興趣和熱情，他會從你身上體會到你的自信及對公司的信心。沒有人喜歡與悲觀厭世的人打交道。同樣，沒有任何公司願意讓對公司的發展悲觀失望或無動於衷的人承擔重要的業務。

3．自願承擔艱巨的任務

公司的每個部門和每個崗位都有各自的職責，但總有一些突發事件無法明確地劃分到哪個部門或哪個人，而這些事務往往又是比較緊急或重要的。如果你是一個合格的管理者，就應該從維護公司的利益出發，積極處理。

如果這是一項艱巨的任務，你就更應該主動去承擔。不論事情成功與否，這種迎難而上的精神必會讓大家對你產生認同。而且，承擔艱巨的任務，是鍛鍊工作能力的最佳機會。長此以往，你的能力和經驗會迅速提升。

在完成這些艱巨任務的過程中，你有時會感到很痛苦，但痛苦會讓你變得更成熟。

4．工作時間，避免閒談

可能你的工作效率很高，也可能你已經累垮了，需要放鬆，但你一定要注意，不要在工作時間做與工作無關的事。這些事情中，最常見的就是閒談。

在公司，並不是每個人都很清楚你的工作任務和工作

效率，所以，閒談只能讓人感覺到你很懶散或做事輕忽。再者，閒談也會影響他人的工作，引起人家的反感。

比如聽音樂、看報紙等等，都應該避免。

如果你工作清閒，可以看看與本專業相關的書籍，查找一下最新的資料，等等。

5‧向有關部門提出部門或公司管理的問題和建議

養成良好的習慣，你就不會再為工作中出現的問題而沮喪，甚至可以從工作中學會大量解決問題的技巧。這樣，找藉口的壞習慣就會離你越來越遠，而成功離你越來越近。就從現在開始，在工作中、生活中，杜絕任何一次找藉口的行為吧！

為你的上司有效率地工作

上司對你的滿意度，都取決於你在工作中的表現，但你的表現通常只有20%是他所關注的。因此，想在工作中取得盡可能顯著的成績，你的首要任務就是探索出你的上司關注的那20%的內涵是什麼。然後，你就得把大部分精力都放在這20%的工作上。

如果你把很多精力都放在上司所注意不到的那80%，你就無法最大限度地提高你的工作效率。這樣會給你和你的上司都加大壓力，並導致他覺得你庸庸碌碌，從而使你的工作愈發困難，降低你的工作效率。

那麼，怎樣才能瞭解這20%的表現是什麼？很簡單。每當你接受一件新工作時，問問你的雇主，以他的標準，做

到你這個職位的雇員應該怎樣表現才算理想？你的雇主最器重具備何種品質的人？向他請教，哪些工作、哪些方面是你首先應該注意的？其次是什麼？再次是什麼？

當你又接下新任務，同樣要這麼做。你要隨時瞭解上司的想法他和對你的期望，這樣你就可以把時間和精力集中在這些事務上，而不致在其它事情上白費時間。

你也許會認為，這類問題，答案顯而易見。但是，你若試著向3個老闆請教同樣的問題，他們多半會給你3種不同的答案。

你必須確知你的現任老闆所關注的那20%的表現是什麼，而不是他的前任所關注的那些方面。

為此，你必須先學會察言觀色。

每當你完成一個工作項目，都要看看反饋如何。哪些方面奏效了，哪些方面失敗了，或是在某些方面，老闆會不會希望你下次換一種方式運作。你一定要做下記錄，以便接手下一個任務時有所參照。

如果在某個工作任務完成之後，你的老闆沒來由地改變了主意，你的記錄也能派上用場。你既曾做下清晰的記錄，就可以告訴他：「上星期我們討論這個問題時，您告訴我要從秋季的目錄著手。現在您希望我改成從這次的銷售會議開始下手嗎？」

當然，這樣做，並不是因為你有什麼不可告人的陰謀，也不是因為你想掩蓋什麼過失，只是非常誠懇地想知道老闆對你有什麼樣的期望和要求。

你的老闆可能已經忘了他上次的要求，或是他臨時改變主意，卻沒有告訴你。他知道你是嚴格地按照他的命令行事，並且盡可能做出讓他滿意的工作，他就會在工作開

始時給你更清楚的指示，或者隨時告訴你，他需要、希望你做出什麼樣的改動。

想減少你對自己施加的壓力，有一種方法很有效。那就是不要對你沒把握的事做出承諾。否則，你會把自己的生活搞得一團糟。因此，如果你的上司讓你說出完成某個任務的最後期限，你千萬不要馬上應允。

你最好這樣回答：「讓我好好地想一想，再向您彙報。」然後，你要確實認真思考，做出符合實際情況的估算。而且，要在你完成這一任務之前，暫時放下其它負擔。然後，把你估計出的雙倍時間告訴你的老闆。

但是，如果你的上司給你規定了一個不切實際的期限，因為他給你安排的不只這項工作，那麼你一定要讓他知道，這個期限會影響你完成其它工作。你要弄清楚，在你上司眼中，哪些工作是你在完成這個任務之前，可以暫時放手的。

和你的員工一起有效率地工作

下面列出的幾個方法有助於你的員工發揮最大的工作效率。

(1) 確保你的員工清楚地知道他們應該把80%的時間和精力花在你所重視的那20%的工作上。

(2) 每當你分配某一個工作項目時，確保你的員工確實瞭解你所期許的目標，以免他們把自己和你的時間都浪費在一些錯誤的事務上。

（3）一旦你把工作交給你的員工並做出明確的指示，就要給予他們完成工作的自由，不要時常突擊檢查。這會增進你們之間的信任度，同時減少你們雙方的壓力。

（4）表揚成績優秀的員工。這會激勵他們下一次把工作完成得更好。研究表明，工作完成之後立即頒給獎賞，能夠有效地促進員工工作中的表現。

（5）尊重你的員工對自己的時間和精力的安排，不要分派他們能力以外的工作。

（6）要求並且期望你的員工能夠盡全力把他們的工作做到最好。在他們真的這樣做時，給他們一個我們大家都需要的東西——休假——作為一種特別的獎賞。這能激勵他們，確保他們今後會繼續努力工作。

（7）正視你身為老闆的角色，但要把你的員工當作平等的人看待。

（8）確保你公司的員工能夠友好地相處，並在利用他們為你做事的同時，給予他們應有的支持。

（9）想讓你的員工盡全力把工作做到最好，最有效的方法之一就是認識他們個人的內在價值和潛能，並給予認可。把他們視為有能力、高尚、樂觀、富於創造性和生產力的人。他們會欣然朝著你所期望的方向努力的。

被解雇，才能獲得更大的發展空間

在人的一生中，沒有人能保證工作時時順利，也許被解雇是一件難免的事。面對失業，有的人痛苦不堪，日夜

煩惱。其實，被解雇不一定是壞事。只要樹立信心，就必能柳暗花明又一村。許多時候，正是由於被解雇，才使自己獲得更大的發展空間。

小江是一個很有事業心的人，他在Ａ公司一幹就是八年，從一個剛畢業的大學生一直做到分公司的總經理。在這八年裏，Ａ公司逐漸成為同行業中的龍頭企業，小江也為Ａ公司付出了許多。他很希望通過自己的努力，將企業帶入另一個成功的頂峰。

然而，就在他兢兢業業拼命工作的時候，他發現老闆變了，變得不思進取，「牛」氣十足，對自己也變得疏遠，許多做法都讓他難以理解。為此，他也逐漸失去昔日幹事業的那種暢快感。

為了啟動自己的工作欲，小江跳槽到Ｂ科技發展公司。當時，這家公司正好承接了一個開發項目，有政府提供的資金和技術支援。因為管理者缺少相關經驗，Ｂ公司希望通過小江的加入，使管理方面完善起來。

就這樣，小江得到行政總監一職。對這個職位，小江以平常心待之。他更看重的是這個職位所面臨的工作挑戰。這使他的工作衝勁又高漲起來。

上任伊始，他熬了好幾個通宵，為公司設計了一套比較完整的日常工作管理制度。其後，為這個制度的順利推行，他又花了很多力氣。

一個月下來，成績十分明顯：光是公司的辦公費用一項就減少了30％。這對於一家辦公費用開銷龐大的公司來說，是一個很大的進步。

在Ｂ公司工作了一年多時間以後，上司又漸漸地看小江不順眼，說他的舉動使他們的工作進展不順利，有點礙

手礙腳。不久，他們合計，把小江解雇了。

　　從B公司出來，小江並沒有氣餒，對自己的工作能力還是充滿信心。

　　不久，他得悉一家大型企業正在招聘一名業務經理，立刻將自己的簡歷寄過去。

　　沒過幾天，他就接到面試通知。然後，和老總面談。最終，他順利地拿下這一職位。

　　工作了大約一個月時間，小江覺得自己十分欣賞公司總經理的氣魄和工作能力。相對地，他也感覺到總經理同樣十分賞識他的才華與能力。

　　工作之餘，總經理經常約他一起去游泳、打保齡球，或者參加一些商務酒會。

　　在工作中，小江發現公司的企業圖示設計相當繁瑣，雖然不缺美感，卻缺乏應有的視覺衝擊力。於是，他大膽地向總經理提出更換圖示的建議。沒想到總經理也早有此意，並立刻把這件事交由他去完成。

　　為了把這項工作做好，小江親自求助於圖示設計方面的專業人士，從他們設計的作品中選出比較滿意的一件。他把設計方案交給總經理。總經理大加讚賞，立馬升他為公司副總，薪水增加了一倍。

　　的確，被解雇並不是一件壞事。小江兩次遭到解雇，他都憑著自己的才能，找到更適合自己的工作。最終，他得到一位真「伯樂」的賞識。

　　路在腳下。遭到解雇，不必計較，走過去，前面有更光明的一片天正等著你。

排擠不了你一世

　　走正確的路，總有一天，你必能出頭。不懷好意的人能排擠你一時，排擠不了你一世。只要勤奮耕耘，是金子，你一定能發出更輝煌的光芒。

　　研究生畢業以後，李紅幹勁十足地進入市政府工作。由於她學歷高、能力強，很快獲得上司的賞識。

　　政府機關的工作特點是：員工的表現不能太冒尖，必須循規蹈矩，上下班時間嚴格規定。李紅是一個新人，能力卻特別強，在同事和上司心中種下很不好的印象；再加上她生性心直口快，工作沒多久，就把頂頭上司和幾個同事得罪了。

　　一開始，李紅對上司和同事白眼看她，很不以為然，以為只要上司和同事瞭解到她的所作所為都是為了工作，並非為了私利，就能理解她。而且，她也已經意識到自己的缺點，努力改正。她期待時間長了，上司和同事重新對她做出評價。

　　可是，過了一段時間，李紅發現，自己的想法太天真了。剛走上工作崗位時留給上司和同事的壞印象就彷彿扎下根了一般，總在不經意間提醒著眾人。她提出的一些合理建議，比別人所提出的更難通過。她並未察覺，她的頂頭上司是怕她冒出頭，睬過他，她的同事則是怕她出頭之後壓制他們。

　　在這種備受排擠的境況中，李紅毅然決定，為了讓他

們找不到任何藉口，她要做到毫不在意他們的刁難，認真工作，在工作中不出一點差錯。終於，在一次省級領導下來調查工作時，發現了她的才能，給她連升三級。

在新的工作環境，她以嶄新的面貌和姿態出現。基於上次受到排擠的教訓，她面對新的同事和上司，努力處理好人際關係，對以前的同事和上司也不計前嫌，從而使自己的工作進展得更加順利，也擺脫了過去的小錯誤給工作留下的陰影。

是的，受人排擠是一件很令人喪氣的事。但是，如果你過於計較，跟那些與你對立的人過不去，也許最後受傷的反而是你自己，給自己的工作帶來更大的麻煩。我們何不將所承受的打擊化為動力呢？

受盡委屈，要學會控制情緒

生活環境改變了，工作狀況改變了，人的社會角色也會相應地改變。在這種改變中，你是積極地回應，還是固守過去的美麗？面對每一個角色，都必須控制情緒，將自己調整到最佳狀態，才能做得更好。

請看下面一個朋友的真實經歷：

大學畢業後，我到一家外資企業上班。我的工作有點像祕書，但大家都叫我「助理」。

在大學時代，我出盡風頭，也很高傲。

從一個學生領袖到做別人的「助理」，我很難受。特別是那些公司的資深員工動不動就喚我去打雜時，我就會無

名火竄起，覺得大失尊嚴。我又不是奴才，憑什麼指揮我幹這個、做那個？不過，事後冷靜一想，他們並沒有錯，我的工作就是這些。剛進來時，王經理也這麼對我說。但一旦涉及具體事情，我的情緒就幾近失控。

有時候咬牙切齒地幹完某事，又要笑容可掬地向相關人員彙報：「已經做好了！」如此違心的兩面派角色，自己都感到噁心。有幾次，還與同事爭吵起來。從此以後，我的日子更不好過了。他們幾乎不理我。

我孤傲不成，倒是孤獨了。

這天，女祕書小吳不在，王經理點名要我到他的辦公室去整理一下辦公桌，並為他煮一杯咖啡。

我硬著頭皮去了。

王經理很厲害，甚至可以說是「老奸巨猾」。他一眼就看出我的不滿，便一針見血地說：「你覺得委屈是不是？你有才華，這點我相信，但你必須從這個做起。」

我心裏一驚：他竟看出我心中所想！我笑了笑，表示感謝。他叫我先坐下來，聊聊近況。可我身旁沒有椅子呀！我總不能與他並排在長條雙人沙發上坐下吧！他到底在開什麼玩笑？

這時，王經理意有所指地說：「心懷不滿的人，永遠找不到一張舒適的椅子。」

難得見到他如此親切和慈祥的樣子，我放鬆了許多。原來，他不像一個「剝削者」，更像我的合作夥伴。只不過，他是長輩，我必須尊重他。

手腳忙亂地弄好一杯咖啡，我開始整理他老人家的桌子。上面有一盆黃沙，細細柔柔的，泛著陽光般的色澤。我覺得奇怪，這幹嘛用呢？又不種仙人掌……這人真怪！

王經理似乎看出我的心思，伸手抓了一把沙，握拳，黃沙從他的指縫間滑落，很美！他神祕地一笑：「小夥子，你以為只有你心情不好，有脾氣。其實，我跟你一樣。但我已學會控制情緒……」

原來，那盆精緻絕倫的沙子是用來「消氣」的。那是他的一位研究心理學的朋友送給他的。一旦他想發火時，可以抓抓沙子。它會舒緩一個人緊張激動的情緒。朋友的這盆禮物，已伴他從青年走向中年，使他從一個魯莽的少年打工仔，成長為一名穩重、老練、理性的管理者。

王經理說：「先學會管理自己的情緒，才能管理好其它種種。」

我的心一下子爽朗了許多。

不要逃避現實

在競爭激烈的現代社會，保持健康的心態相當重要。許多研究心理健康的專家一致認為，適應良好或心理健康的人，都是以「解決問題」的心態和行為面對挑戰。他們絕不逃避問題，怨天尤人。

然而，在現實生活中，一個人想要以正確的態度和行為面對挫折與挑戰並非易事。我們可以看到，周遭有不少人，或因工作、事業中的挫折而苦惱，抱怨，或因家庭、婚姻關係不和諧而心灰意冷；甚至有的因遭受重大的打擊而產生輕生的念頭，生命似乎脆弱得一彈即破。

其實，你要逃，又能逃到哪裡？

筆者的同學阿軍有一個令人羨慕的職業。有一天，他竟然對筆者說，他曾經閃現過輕生的念頭。他是一個因循守舊的人，不習慣面對變化與改革。當他得知自己可能被指派去幹他既不熟悉也不喜歡的工作時，潛在的焦慮、恐懼與厭世情緒隨即湧上心頭。

他本來可以去爭取另外一個更適合自己的職位，可是他因膽怯、自卑，失去了競爭的勇氣。正是這種逃避競爭，習慣於退縮的心態，使他陷入絕望的深淵。這種扭曲的心態和錯誤的認知，使他放棄了所有的努力。

其實，人的一生，或多或少都會遇到一些意外和不如意的狀況。對此，我們能否以健康的心態面對至關重要。

有這樣一個故事：在一棟大樓內，一個住在樓下的人被樓上一隻掉在地板上的鞋子所驚動。那種聲音攪得他煩躁不安。令他更焦慮的是，他不知道另一隻鞋什麼時候會掉下來。為了那隻遲遲沒有落下來的鞋子，他惶恐地度過一整夜。

在日常生活中常常出現這種事例：高懸在半空中的鞭子帶來很大的壓力。真正打在身上，方覺得也不過如此。

由此我們可以得到什麼啟示呢？等著挨打的心情太消極了，那種等待的過程與被打的結果都足以令人沮喪。

一個人在心理狀態最糟糕的情況下，不是走向崩潰，就是走向希望和光明。

有些人之所以遭逢不如意的狀況，很大程度上是由於他們個人主觀意識在起決定作用。他們選擇了逃避，而事實上，逃避根本解決不了任何問題。

如果我們能夠善待自己、接納自己，並不斷克服自身的缺陷，克服逃避心理，那我們就能開創更完美的人生。

有時放棄也如花般美麗

　　人生一世，得與失，常常發生在一閃念間。到底要得到什麼？到底會失去什麼？不同的人會做出不同的選擇，收取不同的果實。

　　然而，有一點非常明確：隨著年齡的增長、閱歷的豐富，人應該隨時調整自己。該得的，不要錯過；該失的，灑脫地放棄。都得，一定是佔有了別人的利益；都失，太對不起自己。

　　生活中，要懂得放棄。有時候，放棄不僅表現出一種勇氣，也彰顯出一種智慧。不要抱著舊的思維模式，因為時代的發展已對我們提出新的要求。人生有限，精力有限，如果把名譽、財富、權勢、地位、愛情等統統抓在手中，就無法騰出手腳去創造。負重太多，就難以遠行。為了達到更遠大的目標，充分實現自己的人生價值，我們要敢於有所放棄。

　　艾倫‧格林斯潘很小的時候就喜歡上了音樂。中學畢業後，他考進著名的紐約米利亞音樂學院。但是，學業尚未過半，他發現自己在這方面已很難有所長進，對音樂突然厭倦起來。與此同時，他對數學和經濟學產生了濃厚的興趣。終於，他退了學，進入紐約大學商學院學習，去開發自己的另一片天地。

　　1948年，他獲得經濟學學士學位。兩年後，他又以最優秀的成績，獲得經濟學碩士學位，並進入哥倫比亞大學深

造。在哥倫比亞大學，他遇見了對他一生的成長非常關鍵的良師益友，後來在尼克森執政時出任美國聯邦儲備委員會主席的亞瑟·博恩斯教授。

可是，由於艾倫的父母在他 4 歲時就已離婚，他跟身為普通店員的母親一起生活，家境貧困，無力支付學費，被迫中途退學。他的學業就這麼拖著。這一拖就是近30年。面對漫長的人生之路，他放棄了其它目標，一心一意關注經濟，一刻也不放鬆對經濟學的研究。

功夫不負有心人。1977年，已61歲高齡的艾倫終於戴上哥倫比亞大學的博士帽。10年後，他獲得雷根總統的任命，成為美國聯邦儲備委員會主席，躍身為重量級人物。

機會多，可以使人不受局限，順利地做出選擇，向前發展。可有時候也可能由於機會太多，使人眼花撩亂，不但使自己不安於一個固定的點或線，也容易迷失了方向。成功的關鍵在於：行進的過程中，能清醒地知道何時當行、何時當止，何者當取、何者當捨。這樣才能節省體力、心智與時間，向成功的目標快步邁進。

人生短暫，我們沒有理由不去好好把握、愛護、珍惜。這就要求我們無論是安於命運的安排，還是向命運抗爭，都必須做到知其可為而為之，知其不可為而棄之。千萬不可明知此路不通，還要固執地「堅持到底」，一頭撞到牆頭上，碰得頭破血流，自食苦果。因為短暫的人生經不起太多挫折、坎坷，也經不起對未來做出太多的盤算。生而為人，應當執著地對待生活，緊緊地把握生活，但又不能抓得過緊，鬆不開手。

詹姆斯在野外旅行時，被毒蛇咬傷了腳。他疼痛難忍。可是，醫院離得很遠。他只好毫不猶豫地用刀割斷受

傷的腳趾。然後，忍著劇痛，艱難地走到醫院。雖然缺了一隻腳趾，但他有效地阻止了毒素在身體裏蔓延，以短暫的疼痛保住了自己的生命。

在人生某個特定的時刻，你只有做到勇於捨棄，才有機會獲取更長遠的利益。即使遭到難以避免的挫折，你也要找出代價最少的應對之道。人最大的愚蠢就表現於只想擁有，卻不知放棄。

對於人的一生而言，如能抓住一半，已經很不錯了。生命這條船，載不動太多物欲和虛榮。想揚帆而行，避免中途擱淺或沈沒，就必須輕載，把那些應該捨棄的，堅決果斷地捨棄。

在印度的熱帶叢林，獵人會製作一種籠子，用於捕獵猴子。籠子裏掛著果實，上面開一個小口，剛好夠猴子的前爪伸進去。猴子一抓住堅果，就無法將爪抽出來。而猴子有一種習性，就是不肯放棄已經到手的東西。所以，牠們大多為此成了獵人的獵物。

猴子被捉的悲劇告訴我們，在生活中，必須接受「失去」，學會鬆開手。

人生的成敗往往決定於取捨之間。不少人看似素質很高，卻因難以捨棄眼前的蠅頭小利，忽視了更長遠的目標。成功者有時僅僅得力於抓住了一兩次被別人忽視的機遇。機遇的獲取，關鍵在於你是否能夠在人生之路上進行果敢的取捨。

對善於享受簡單和快樂的人來說，人生的藝術，就表現於進退適時，取捨得當。

PART 5

第五章

做人不必在乎受打擊

處在尷尬的境遇，不怕別人嘲笑

許多人喜歡嘲笑人；幾乎沒有人忍受得住被人嘲笑。在某人處在尷尬的境遇時，你如果能藉由讓自己出醜，減少他的難堪，他一定對你大為感激。

美國前總統福特大學時代是一名橄欖球運動員。所以他在62歲入主白宮時，體型仍然非常挺拔結實。毫無疑問，他是自羅斯福總統以來，體格最健壯的一位。

當了總統以後，他仍繼續滑雪、打高爾夫球或網球。而且，他很擅長這幾項運動。

1975年5月，福特到奧地利訪問。飛機抵達薩爾茲堡，他走下舷梯，皮鞋碰到一個隆起的地方，腳一滑，跌倒在跑道上。他跳了起來，沒受傷。隨行記者把他這次跌跤當成一項大新聞，大肆渲染。同一天，他又在麗希丹宮那因雨淋而變得滑溜的長梯上滑腳兩次，險些跌下樓去。

隨即，一個奇妙的傳說散播開了：福特總統笨手笨腳，行動不靈敏。

自薩爾茲堡之行以後，福特每次跌跤、撞傷頭部或跌在雪地上，隨行記者總是添油加醋，把消息向世界報導。後來，竟然反過來，他不跌跤也成了新聞。

哥倫比亞廣播公司曾這樣報導：「我一直在等待總統撞傷頭部，或者扭傷脛骨，或者受點兒輕傷之類的新聞，以吸引讀者。」

記者們如此這般渲染，似乎想帶給人一種印象：福特

總統是個行動笨拙的人。電視節目主持人還在電視中和福特總統開玩笑。喜劇演員切維·蔡斯甚至在《星期六現場直播》節目裏模仿福特滑倒和跌跤的動作。

福特的新聞祕書朗·聶森對此提出抗議。他對記者們說：「總統身體健康，而且舉止優雅。他可以說是我們所能記起的總統當中身體最為健壯的一位。」

「我是一個活動家，」福特也說：「活動家比任何人都容易跌跤。」

這位前總統對別人的玩笑總是一笑置之。1976年3月，他還在華盛頓廣播電視記者協會年會上和那個曾經調侃他的切維·蔡斯同台表演過。

節目開始，蔡斯先出場。當樂隊奏起「向總統致敬」的樂曲，他絆了一下，倒在歌舞廳的地板上，從一端滑到另一端，頭部撞到講臺上。此時，在場的人都捧腹大笑。福特也跟著笑了。

輪到福特出場。他站了起來，服裝被餐桌布纏住了，弄得碟子和銀食具紛紛落地。他裝出要把演講稿放在樂隊指揮臺上。可一不留神，稿紙掉了，撒得滿地都是。眾人哄堂大笑。他滿不在乎地說：「蔡斯先生，你是一個非常、非常滑稽的演員。」

不必在乎別人的眼光

人的際遇若有所不同，對同樣的問題，便可能做出不同的回答。

在一千個人眼中，有一千個不同的哈姆雷特，一千種對哈姆雷特悲劇命運的哀傷，一千種對「宇宙的精靈，萬物的靈長」一語的讚歎。

四個不同的幾何圖形，有人看出了圓的光滑無棱，有人看出了三角形的直線組成，有人看出了半圓的方圓兼濟，有人看出了不對稱圖形獨到的美⋯⋯

同是一個甜甜圈，悲觀者看見一個空洞，樂觀者卻品味到它的香甜。

面對同一場赤壁烽火，蘇軾高歌：「雄姿英發，羽扇綸巾，談笑間，檣櫓灰飛煙滅。」杜牧低吟：「東風不與周郎便，銅雀春深鎖二喬。」

同是「誰解其中味」的《紅樓夢》，有人聽到了封建制度的喪鐘，有人看見了寶黛的深情，有人悟到了曹雪芹的用心良苦，也有人只津津樂道於故事本身⋯⋯

測量一棟大樓的高度，有人利用太陽下的陰影，通過三角函數的關係簡單算出；有人用繩子與樓房比較，然後量出繩子的長度；有人用氣壓計，從樓底到樓頂，通過氣壓的變化計算；也有人詢問樓房管理員⋯⋯

問題的出現是一個起點，問題的解決是終點，過程則多半不是惟一。認識事物的角度、深度不同，解決問題的方法就截然相異。正所謂：有什麼樣的世界觀，就得出什麼樣的方法論。

蘇軾吟道：「橫看成嶺側成峰，遠近高低各不同。」生活是一個多棱鏡，總是以它變幻莫測的每一面反照生活中的每個人。不必介意別人的流言蜚語，不必計較受到打擊、欺辱，不必擔心自我思維的偏差，堅定自己的眼睛、堅信自己的判斷、執著於自我的感悟。用敏銳的視線審視

這個世界，用心聆聽、撫摸這個多彩的人生，給自己一個富有個性的回答。

不怕打擊，堅持自我

人的毅力像彈簧，越壓得緊，彈得越高。那些被壓緊而彈不起來的人，不是欠缺毅力，而是他的毅力彈簧生了鏽，或是彈性疲乏了。

蒙提‧羅伯茲在聖思多羅擁有一座牧馬場。有個人常借用他寬敞的住宅舉辦募捐活動，以便為幫助青少年的計畫籌措基金。

在一次活動中，他致詞道：

「我讓傑克借用住宅是有原因的。這跟一個小男孩有關。小男孩的父親是一位馬術師，他從小就跟著父親東奔西跑，一個馬廄接一個馬廄，一個農場接一個農場，去訓練馬匹。由於經常四處奔波，男孩的求學過程很不順利。初中時，有一次，老師要全班同學寫報告，題目是《長大後的志願》。

「那晚，男孩用心寫了7張紙，描述他的偉大志願——他想擁有一座屬於自己的牧馬場。他仔細畫了一張200畝農場的設計圖，上面標出馬廄、跑道等的位置。在這一大片農場中央，還要建造一棟占地4000平方呎的巨宅。

「他花了好大的心血把報告完成，第二天交給了老師。兩天後，他拿回了報告，發現第一頁上打了一個又紅又大的F，旁邊還寫了一行字：下課後來見我。

「腦中充滿幻想的他下課後拿著報告去找老師。看到老師，他開口就問：『為什麼給我不及格？』

「老師回答：『你年紀輕輕，不要老做白日夢。你沒錢，沒家庭背景，什麼都沒有。蓋一座牧馬場可是個花錢的大工程。你要花錢買地、花錢買純種馬匹、花錢照顧牠們。做人不要太好高騖遠啊……』稍頓又說：『你如果肯重寫一個比較不離譜的志願，我會重打你的分數。』

「這男孩回家後反覆思量，然後徵詢父親的意見。父親告訴他：『兒子，這是非常重要的決定，你必須自己拿定主意。』

「考慮了好幾天後，他決定把原稿交回，一個字都不改。他告訴老師：『即使拿個大紅字，我也不願放棄我的夢想。』」

蒙提總結道：「我提起這個故事，是因為各位現在就坐在這200畝的牧馬場內，坐在這占地4000平方呎的豪華住宅中。那份初中時寫的報告，我至今還留著。」

頓了一下，他又說：「有意思的是，兩年前的夏天，那位老師帶了30個學生來我的農場露營一星期。離開前，他對我說：『說來慚愧。你讀初中時，我曾潑過你冷水。這些年來，我又對不少學生說過相同的話。幸虧你有那麼大的毅力，堅持住自己的夢想。』」

忘記所受到的傷害

生活中，我們常常會受到傷害。譬如，被人錯怪、冤

枉、傷害……人家說了傷害我們的話，或是做了傷害我們的事。

這時候，我們應當怎麼對待這些有意或無意間所造成的傷害呢？

如果針鋒相對，以牙還牙，對方確實可能受到教訓，但我們自己也肯定不好過。因為報復是一把雙刃劍。這種時候，聰明的人一般會選擇以原諒、寬容回應。

寬容，是最崇高的美德之一，一切美德的中心。寬容能使你豁達大度、謙讓為懷，寬容可以保護你的尊嚴和價值，幫助你營造和諧的人際關係，得到真誠的友誼、眾人的扶持，從而有助於你成就理想的事業，有利於你調節精神，為你帶來快樂。

人活在世上，免不了磕磕碰碰。現實生活中，某個時期未遇磕磕碰碰的事，這有可能；但要永遠免於磕磕碰碰的遭遇，很不現實。既然磕磕碰碰在所難免，那麼，當你在家庭之間、同事之間、鄰里之間，以及公共場所中與別人發生摩擦，因摩擦而產生某些恩怨時，最好是以一種坦蕩的心胸、包容的心態應對。這樣，通常可以化干戈為玉帛、化爭鬥為和諧、化煩惱為快樂。

當然，要做到寬容，不容易。最緊要的是必須領悟：世界是殘缺的，人是殘缺的，美也是殘缺的，人世間永遠不會出現盡善盡美的人、事、物，宇宙都不可能呈現絕對之完美。既然如此，我們生存在同一顆蔚藍色星球上的人，彼此間有什麼不能寬容的呢？

第二次世界大戰期間，有一支部隊在森林中與敵軍相遇，發生激戰。最後，兩名戰士與部隊失去聯繫。他們在激戰中互相照顧，彼此不分，因為他們是來自同一個小鎮

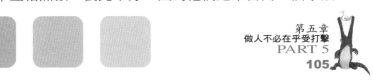

的戰友。兩人在森林中艱難跋涉。

十多天過去了，他們仍未能與部隊取得聯繫。幸運的是，他們打死了一隻鹿。

這一天，他們在森林中遇到敵人。經過激戰，兩人巧妙地逃離了。就在他們自以為已經安全時，只聽到一聲槍響，走在前面的年輕戰士中了一槍。幸好，這一槍只傷到他的肩膀。

後面的戰友惶恐地跑了過來。他嚇得語無倫次，抱起戰友的身體淚流不止，趕忙把自己的襯衣撕下來，包紮戰友的傷口。

晚上，未受傷的戰士一直叨念著母親，兩眼直勾勾地。兩人都以為他們的生命即將結束，身邊的鹿肉誰也沒動。天知道他們怎麼度過那一夜。

第二天，部隊救出了他們。

事隔30年之後，那位當時受傷的戰士安德森說：

「我知道是誰開了那一槍。他就是我的戰友。他去年去世了。30年前他抱住我時，我碰到他發熱的槍管。但當時我就寬恕了他。我知道他想獨吞所有的鹿肉，但我也知道他那樣做是為了活下來見他的母親。

「此後30年，我裝著根本不知道此事，從不提及。戰爭太殘酷了，他的母親還是沒能等到他回來。我和他一起祭奠了老人家。他跪下來，請求我原諒他。我沒讓他說下去。我們又做了二十幾年的朋友。我沒有理由不寬恕他。」

寬容待人，不僅為別人留下餘地，也為自己贏得海闊天空。

寬容是一種美德，一種如大海般遼闊的胸懷。並不是每一個人都擁有這種品格。我們不倡導毫無原則的放縱，

但適度的寬容比報復更能維護一個人的尊嚴，更有益於使冒犯你的人迷途知返，走向正途。

為了他人、為了自己，為了快樂、為了內心的平靜，我們應該寬恕那些傷害我們的人。如果能做到寬容，我們將收穫無盡的快樂。

厄運是幸運的奠基石

每個人都可能遭遇厄運。這時，鼓起勇氣面對厄運比化解厄運更重要。許多厄運並不能致人於死，反倒是幸運的起點！

約翰・布倫迪被他的朋友稱作「馬拉松人」，這是眾所周知的事。

1973年6月6日，約翰照常做二十分鐘的晨跑。不料，這次晨跑成了他一生中的最後一次跑步。

那天早上跑完步以後，約翰依舊到工地去。他和另外三人一同在屋頂上工作。天氣非常炎熱，工作也很艱苦。這時，監工叫約翰去拿一件工具。約翰移動雙腳。不幸，房頂水泥尚未凝固，他從上面掉下去。

他頭朝下墜落下去。

他事後回憶道：

「那時候，我聽到很多雜音和脊骨折碎的聲音……

「現在想起來，我還感到害怕。我整個人一直往下掉，就像餅乾一樣。觸地後不久，我發現我的腳竟然一點知覺也沒有。

「其後數秒之中，恐怖、憤怒、絕望一起向我襲來。我很想站起來，可是心有餘而力不足，能聽從腦部指揮的只有頭部。

「好像有人在上面說：『唉喲！約翰掉下去了。』

「我心裏不斷期求，也不斷詛咒。我把頭轉向左邊，看到十公分遠的地方有一對穿著鞋子的腳，腳尖就在眼前。那好像是我的腳。可是，它們怎麼會在這裏？

「那一刻，我真的怕極了……

「好像有人把我的頭抬起，放在像枕頭之類的東西上。起初，我不覺得痛。後來，激烈的陣痛不斷侵襲我，痛得我幾乎想死去。整個頭好像被一根繩子吊起來，稍微一動就痛苦不堪。

「我猜想，如果繩子斷了，我的頭是不是會扭轉不停？很奇妙的想法是不是？我一直努力使自己保持清醒。

「急救人員很快到達。他們把我抬到擔架上。因為痛極了，我幾乎受不了身體的移動。畢竟是專業的急救人員，他們一面鼓勵我，一面盡可能減輕我的痛苦。

「被抬上救護車後，我覺得舒服了點。可能是心理因素吧，我安慰自己：馬上就可以到達醫院了，情形應該不會太嚴重。

「一到醫院，神經外科醫生把我放在一張枱子上，雙手雙腳呈八字形分開，準備照X光。為了對準角度，醫生不時擺動我的頭。一種從未經歷過的痛楚侵襲著我……

「過了一會兒，醫生確定我的頭骨斷了。這不是一個好消息。孩提時代，我曾聽過頭骨折斷的故事，沒想到竟也發生在我身上。

「我開始向上帝祈禱，請祂賜予我力量……

「漫漫長夜，好像永無止境。我不斷回想當天所發生的事。思緒愈來愈亂。就這樣痛苦地度過黑夜。

「昏昏沈沈中，我想起坐在輪椅上的羅斯福總統和他說過的一句話：『應該恐懼的是恐懼本身。』

「突然，我的心態積極起來。我問自己：『受傷對我有什麼意義呢？』我不斷思考，告訴自己：『我將來一定會瞭解的，現在必須想辦法活下去！我一定要努力！』對於現有的一切，我心存感激。

「我真正的奮鬥，從現在開始。

「再次醒來，我發現頭部兩側的針頭已經拔出。原來我還在醫院裏。當時我想，只要安靜下來，痛苦就會逐漸減輕。

「令我驚恐的是，我全身竟像木乃伊一樣，被一層白布包裹起來。周圍都是醫療用的機器。身旁的護士，可以處理緊急事情。在我的眼中，她們是無所不能的神。

「在此之前，我沒有進過醫院。所以我對周圍的一切都很陌生。」

幾個星期後，醫生判定，約翰的傷勢已經無法痊癒。可是，他自己依舊充滿希望，盼望奇蹟出現，使他的脊椎再度恢復健康。他專心致志地接受治療。

約翰急切地想知道自己的病情。他向護士打聽，但不得要領。

有一天，他聽到護士指著他對同事說：「四肢麻痹就是像他那個樣子。」

約翰從來沒有見過四肢麻痹的人，他甚至不曾想過四肢會同時麻痹。沒想到自己竟變成這個樣子。

簡單的一句話揭開了真相。他原是一個年輕又健康的

丈夫和父親，現在頭部以下全部麻痺，完全形同廢人。

雖然如此，約翰決定堅強地活下去。雖然痛苦不曾減輕，可是他活得比誰都堅強。

他總結道：「我之所以決心生存下來，是因為有三個老師作為我人生的指標。這三個老師就是希望、獻身、決意。我想活下去，想治好病，想知道自己究竟可以做什麼事。我有這些願望，這三個老師經常在心中，我為此而奮鬥，並相信有一天我可以得到勝利。所以我永不灰心。」

如今約翰坐在輪椅上已經11年。就他的人生觀而言看，他實在太偉大了。

他的心中沒有仇恨、沒有苦惱，也沒有憎恨。他知道，埋怨命運或心懷憎恨，對自己絲毫沒有好處。相反，他應該付出更多的愛。他的身體雖然受到傷害，但他的心理很正常。

事實上，約翰證明了一件事——真正的殘疾是那些身體毫無缺陷，心理上卻充滿障礙的人。

約翰一直告訴自己，受傷是無可避免的。它是自己一生的轉捩點。自己應該下定決心努力。這種想法既健康，又正確。

每當約翰乘坐電動輪椅進入超級市場，或通過馬路，輪椅不斷發出聲音，引起許多小朋友的注意。他們有的滿臉含笑，有的一臉迷惑。有的小朋友甚至說：「滿不錯嘛！」像是很羨慕的樣子。遇到這種情形，約翰會做出各種鬼臉逗孩子們發笑。但他並不是整天和小孩玩，他還經營公司，為附近的社區做介紹嬰兒保姆的工作。

另外，他還在一家教會，做「新希望電話商談中心」之類的服務。他對人生充滿希望，非常願意幫助那些失意

的人找到希望。

約翰勝利了，因為他能頑強地生存下去。他曾說：「艱苦的日子總有結束的時候。心中充滿希望，並能繼續為生活而努力的人，才能享有新生命。」

他不但明白這個道理，而且身體力行，把厄運的打擊視為另一個階段的開始。

寬容失禮，友好相處

一個人為了成就一番事業，需要智慧、勇氣和意志；建立和諧的人際關係，則要靠情感。

一位作家這樣形容「情」的價值：「情是生命的靈魂、星辰的光輝、音樂和詩歌的韻律、花草的歡欣、飛禽的羽毛、女人的豔色、學問的生命。」

「人是感情的動物。」因此，「沒有情，便沒有人生的出發點。這情，就是我們平時所說的人情味。一個人獨處幽室，感受不到人情味。與人交往，缺乏人情味，就失去了交往的基礎，也就無法創造和諧的人際關係。」

據心理學家研究發現，人的本性中有一種替別人著想的傾向。處處替別人著想，就沒有溝通不了的感情，就不會出現不和諧的人際關係。

人情味，是人的一種美德。古人倡導「仁」心，稱它是人的一種「成熟的美德」。仁者愛人，寬則得眾。與人相處，時時展現仁愛的胸襟，處處表現出人情味，在正常的情況下不難做到。但是，一旦自己受到傷害，又當如何？

春秋時代，楚莊王在一次戰役勝利後，為酬謝有功的將士，擺了一席盛大的酒宴，讓將士們開懷暢飲。

在輕歌曼舞的氣氛中，忽然，燈火全部熄滅。黑暗中，莊王的愛妾遭到一個將士調戲。她急中生智，一把抓下那個將士的頭冠。然後，她要求莊王點燈，捉拿那個頭上無冠帶的人。

這時，莊王不但沒有發怒，反而說：「此刻宴樂飲酒，不必拘泥於婦人之節。」隨即下令所有在場的人都取下頭冠。當燈火再亮，將士中無一人戴著頭冠。

真是難得的大度，不拘小節，表現出霸主的風範，發揮了十足的人情味。

數年後，楚軍與晉軍交戰，楚軍處於劣勢。突然，一位將士衝向敵陣，終於使戰鬥轉敗為勝。這位將士就是當年調戲莊王愛妾的那個人。

莊王當年是「經路窄處，留一步與人行」，充分表現他的寬厚仁愛之心和令人歎服的人情味。他並沒有期求回報，卻得到回報。這正是他事業成功之所在。

被人排斥時的自保策略

人很容易因被人排斥、拒絕而感到氣餒和消沈，覺得自己沒有價值，生活失去了目標。比如有些孩子因父母太過嚴厲，事事受限，長大後成為不快樂的人；有些人在學生時代，長期受到同學恥笑，變得偏激孤僻、缺乏自信；更有因被愛侶所棄，憤而自殺或殺人的案例。

長期的排斥影響很大，被排斥者會覺得自己一無是處，增強其無助之感。

　　相對而言，短暫、片斷式的排斥只不過是人生路上的荊棘，對被排斥者而言，比較容易克服和接受。

　　在廣東潮汕的某些地方，一般家庭都有好幾個孩子。筆者曾經見過一個揭陽的小女孩，父母在東莞開店鋪，小小年紀就失去上學的權利，在家照看幾個弟弟，甚至要幫父母看店。家裏有什麼好吃的，父母都先讓弟弟們先吃；衣服、玩具什麼的，她根本沾不上邊。筆者與那小女孩接觸的幾個月，從來沒有見她笑過。

　　自小被家庭成員排斥，影響極為久遠，甚至一輩子都會在心頭烙下陰影。被愛侶拒絕、拋棄是個人的經歷，不一定會牽涉其它人際關係。在學校遭同學恥笑，就不是一個人的事，而是牽連甚廣。

　　有個小男孩剛上小學，還會尿褲子這事被同學知道了。於是一傳十、十傳百。一時之間，無論在學校的哪個角落，都有欺負他的人，他好像連一個朋友也沒有。

　　被排斥的時候，首先要認可自己的感受，明白憤怒、受傷害、沈鬱的感覺都是正常的反應。其次，應該尋找正確的途徑，宣泄心中的不快。例如去海邊大聲叫喊；或是把舊報紙撕爛；甚或痛痛快快地哭一場。當然，找個朋友或輔導員傾訴一下，把心中的積怨吐出來，傾聽他們的勸告、鼓勵，幫助更大。

　　被排斥，最難受的便是覺得自己似乎一文不值，自卑感湧現。對方那些尖酸刻薄的話語時時縈繞心頭，悲憤之情揮之不去。

　　這時，最佳的應付方式是抽身事外，暫時離開所面對

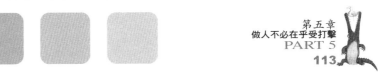

的環境，跑到另一個地方，找另一群可以接納你的人，讓自己可以重拾自信。這不單指重新找一群好友相交，擺脫那群不接納你的人，重建支持網絡，等等這類長遠的建構，更包含那些短暫的避難所。

例如：被排斥的學生去找老師，可以在求助有門的激勵下，重新學習應付困境的技巧，面對那群欺負他的同學。失戀的人找朋友吃一頓飯，東拉西扯，談天說地，就算不談受排斥的遭遇，也可暫時忘掉痛苦，分散注意力。

應付排斥的另一個重要戰略是不要重視排斥者的惡言相向。人在情緒激動時說的話是最尖酸刻薄和極端的，一切話語都必定毫無保留地攻向你的弱點。若你對這類話語太過認真，會感到對方鄙視你，視你如糞土，你的反擊必定會更尖銳，使情況難以收拾。但若你明白這是吵罵時的必然現象，你便不致全數照收對方一時脫韁的話語。你會選擇性地接收。在這一刻，這是一種重要的自保策略。

別為小事煩惱

記住：學會放棄煩惱，你便能贏得「餘暇」；學會放棄煩惱，你便能釋放緊張；學會放棄煩惱，你便可以獲得長久的快樂。

第二次世界大戰期間，羅勃‧摩爾在一艘美國潛艇上擔任潛望員。一天清晨，潛艇在印度洋水下潛行，他通過潛望鏡，看到一支由一艘驅逐艦、一艘運油船和一艘水雷船組成的日本艦隊正逼近過來。

潛艇對準敵方行進中最後那艘水雷船，準備發動攻擊。突然，那艘水雷船掉過頭來，朝潛艇直衝過來。原來空中的一架日機測到潛艇的位置，通知了那艘水雷船。潛艇只好緊急下潛，以便躲開水雷船的攻勢。

三分鐘後，六顆深水炸彈幾乎同時在潛艇四周炸開，潛艇被逼到水下83米深處。摩爾知道，只要有一顆炸彈在潛艇五米範圍內爆炸，就會把潛艇炸出個大洞。

潛艇以不變應萬變，關掉了所有電力和動力系統，全體官兵靜靜地躺在床鋪上。當時，摩爾害怕極了，連呼吸都覺得困難。他不斷地問自己：難道今日就是我的死期？儘管潛艇裏的冷氣和電扇都關掉了，溫度高達50℃以上，他仍然抖個不停；披上大衣，牙齒照樣碰得格格響。

日軍水雷船連續轟炸了15個小時，摩爾卻覺得這期間比15萬年還漫長。寂靜中，過去生活中的種種，無論是不幸的事，還是荒謬的煩惱，都一一在眼前重現：

摩爾加入海軍之前，是稅務局的小員工。那時，他總為工作又累又乏味而煩躁。他抱怨報酬太少，升遷無望；煩惱買不起房子、新車和高檔服裝。晚上下班回家，因一些瑣事與妻子爭吵。

這些往事，過去對他來說，似乎都如天之大。而今置身於這墳墓般的潛艇中，面臨死亡的威脅，他深深地感受到，當初的一切竟顯得那麼荒謬。他對自己發誓：只要能活著看到日月星辰，從此再不讓煩惱侵襲心頭。

日艦扔完所有炸彈，終於開走了。片刻後，摩爾和他的潛艇重新浮上水面。

戰後，摩爾回國，重新進入職場。果然，他更加熱愛生命，懂得如何讓自己更知足。他說：「在那可怕的15個小

時，我深深體驗到，對生命來說，世界上任何煩惱和憂愁都是那麼微不足道。」

人來到這個世界，就與煩惱結下不解之緣，至死方休。或許，人生之所以多姿多彩，綿麗曲折，或平靜如湖，或洶湧如海，正是因為有緊張、有煩惱。情感猶如畫家手中的畫筆，將枯燥蒼白的理性世界塗抹得豔麗多姿、丰韻迷人。然而，這終歸還是理性統治的時代，情感雖然狂野，卻也只能受制於理智。

石油大王洛克菲勒53歲時患了神祕的消化症，頭髮全掉光了，甚至連眼睫毛都一根不剩。為他寫傳記的約翰‧溫克勒說他「活像個木乃伊」。

他馳騁商場，風光無限，卻終日缺乏起碼的安全感。他擁有大筆財富，卻疲於捍衛、增長財富。憂慮、煩惱，使他53歲時便被判了「死刑」。

死神之門已經向他敞開。回想自己驚心動魄的一生，仍能感受到那令自己振奮的波瀾。他非常不情願地接受了醫生的建議：從工作場上退休。

他成立了洛克菲勒慈善基金會，盡力保持輕鬆愉快的心情。捐錢之舉，讓他感受到賺錢所無法獲得的滿足和愉悅。即使當他旗下的「標準石油公司」因《反托拉斯法》的頒布而被課以「歷史上最重的罰款」，他也只是對他的律師說：「不要擔心，詹森先生，我本來就打算好好睡他一覺。晚安！」而他的逝世，已是45年後的事了。

這便是覺悟者的處世之道：愛心、信心。惟其擁有愛心，才能捐鉅款，行慈善；惟其擁有信心，才能忘記重挫於談笑間。

不計前嫌好爲人

面對前嫌，有兩種處理方式：一是耿耿於懷，勢不兩立；二是捐棄前嫌，重歸於好。

顯然，只有後者值得稱道。

不論面對的是同事，還是家人、親友，捐棄前嫌，不僅有利於化解已有的矛盾，恢復甚至更加發展人際關係，而且有助於塑造自身良好的形象，贏得輿論的好評，營造良好的人際氛圍，促進精神的成長。

當然，從實際情況看，人與人一旦結仇，彼此之間傷了感情，心靈上必然留下傷疤，要做到不計前嫌並不容易。因此，當事人必須展現足夠的勇氣、高深的修養，並採取正確的方法，善於自我說服。

1‧以追求愉快生活的意願推動自己

心地善良的人必然希望自己的生活充滿愉快，不想矛盾纏身，與周遭眾人形成隔閡，引起不快。這種心理傾向對於消除積怨，有積極的效果。

當人際間發生矛盾，一般人都會感到痛苦。但這畢竟是短暫的。如果彼此間因此結怨記仇，心裏結下疙瘩，就成了一塊「心病」，會使自己長期籠罩在陰影中，生活必然增添不少苦澀的滋味。

比如，家庭成員間彼此不睦，單位裏同事間彼此不和，很令人痛苦、難受。相互間抬頭不見低頭見，卻是彆彆扭扭、磕磕碰碰，不但精神上受折磨，還會影響到工

作，實在是得不償失。

所以，當你與某人之間已經結了仇，在冷靜下來之後，不妨多想想，如此對立，可能造成的危害和痛苦；多想想「多個朋友多條路，多個仇人多堵牆」的道理，權衡一下利弊得失。在此基礎上，再想一想人際關係和諧融洽的美好情景。這樣一來，就會為了追求生活的愉快而淡化矛盾，產生和解的意願和動機，主動伸出手來，與對方握手言和。

2‧以完善人格形象的目標召喚自己

完善人格形象是正直的人必然會立下的理想和追求。意識到記仇、怨恨是小人之舉，寬容大度表現出高尚的人格，一個人就必然會做出正確的選擇。

有些人所以不能捐棄前嫌，往往與個人的面子、自尊有關。他們覺得自己受了傷害，這口氣出不來，難以和解。尤其是受傷害較重的一方更是如此。

對於當事人來說，應當加強精神修養，反思一下自己所追求的人格修為、人生目標。這樣一來，狹隘的意識就會讓位給寬容。

更何況，有些不愉快的事已經過去多年，時過境遷，情況發生了很大的變化，大可不必總是把往事記在心裏。

如果採取高姿態，主動化解矛盾，就能優化自我形象，甚至能有效地感化衝突的另一方，引起對方心靈的震撼，使其良心發現，從而帶來積極的人際關係，可謂一舉多得，何樂而不為呢？事實證明，如何處理前嫌是對一個人人格品性的考驗。在高尚的人格目標激勵下，人的言行往往也會高尚起來。

3‧以公正客觀的理智約束自己

從實際情況看，一個人對往事是否耿耿於懷，與他看問題的角度有關。

有些人遇到一點小衝突就頭腦發熱，主觀偏激，出言不遜；事過之後依然怨憤難平，總感到衝突的另一方對不住自己，心理不平衡。

如果他頭腦冷靜一下，變換看問題的角度，多從當時發生問題的客觀條件、對方的處境考慮，就可以變得客觀些，得出不同的結論，進而原諒對方的過失，產生和解的願望。

報復的人生太昂貴

報復之心是人性的扭曲，可能造成心理的死結。它很像潛藏的癌細胞。你能控制它，就可能沒什麼危害。可一旦它超過正常的心理能量，就會帶來不可收拾的傷害。

有個女子與一個男人熱戀了三年，將一切都獻給了他。有一天，她發現這男人另有所愛，而且愛得很認真。在憤怒和絕望之下，她決心報復。她裝作忍氣吞聲，仍然對他溫柔有加，並做了很多令他家人感動的事。當這男人大張旗鼓，發了請帖，並到酒店訂下婚宴，準備與她共結連理時，她突然宣布要與另一個男人結婚。

報復的行動，最大的受害者往往是報復者本人。在報復者進行報復之前，自己就會跌進扭曲、變態的心理深淵。他會花很多時間去構思、幻想報復的內容，經常陶醉於演習的過程，完全處於陰暗的心理狀態。心存報復的人

內心很難明朗。更要命的是，這種狀態常常在日常生活中顯現出來。

生活中，我們感到有些人很陰氣，令我們不寒而慄，想離他遠些；有些人，你即使想說服自己接受，但心中總是充滿警惕。原因很簡單，正常人無法接受心理扭曲、心態失衡的人，不屑也根本不願與他們交往。

其實，報復心重的人有時也想輕鬆暢快地與人交流，但他們骨子裏時不時泛出想要報復的濁氣，總是令人望而生畏。

當報復心駕馭了人的靈魂，人就無法自已。從這一刻起，報復者就自己為自己判了無期徒刑。在這種情勢下，報復者只有一種選擇：孤獨。

漂亮的女人很容易與報復之舉連結。報復的力度會因女人的漂亮程度而起伏，因女人在漂亮催化的虛榮中張揚。然而，切記：女人的美本質上與漂亮無關，它主要體現於親和力。親和力與漂亮是兩回事。

許多女人認為漂亮就是一切，經常為自己的漂亮而忘乎所以。女人的漂亮是一個是非的爆發點，很多出事的能量都集聚在這個結構上，報復更不例外。漂亮的女人如果懂得利用漂亮增加自己的親和力，使自己顯得大度而善良，她就會成為一個非常迷人的焦點。

女人有時候會表現得很奇怪，一剎那間，她們會平白無故地對比自己漂亮、聰明和幸運的女人產生敵意。報復心重的女人會在社交場所攻擊她所臆造的「敵人」，這個「敵人」，她可能根本不認識或不熟悉。

人的品質由心靈所塑造。當一個人的心靈已被報復的意願控制，他失去最多的是人性中最寶貴的東西──寬容

和慈善。失去寬容和慈善的人，面部會浮現一層潛藏的殺機，這層殺機會嚴重衰減這個人的魅力。

人有時說不出什麼高深的道理，卻能感覺出事物的本質。一個人接受另一個人，不是接受這個人的樣子，而是接受一種感覺。許多報復心重的人也懂得這個道理，不然他們就不會費盡心思地偽裝自己。偽裝之舉很累人。因此，懷揣報復之心的人整天都會覺得壓力纏在胸口。

報復的根源，不外乎情緒的過分在乎或過分壓抑。人與人之間，有不同的看法和意見本來很正常，如果不太過在乎，能以健康的心態去對待，就可能化解敵對的情緒。

有些事的確讓你忍無可忍，就事論事地宣洩一下並無大礙。人是一個容器，憋得過分，肯定會出大事。有些突發事件，逼得你非大打一頓不可，那就大打一頓。打完之後，說不定雙方都能感受到一陣輕鬆和愉悅。重要的是：不可死記前仇。如果死記著仇恨不放，就會慢慢形成報復的死結。

生命是一種在定律中舞動的音符。當你偏離自己正常的旋律，就意味著已將自己鎖定在悲劇裏。站在歷史的角度去審視報復的代價，我們會驚歎：報復的人付出的成本實在太昂貴了！

受辱後，要奮發圖強

每個人一生中多少會受「寵」受「辱」。「辱」，意即侮辱、恥辱，最常承受於落魄的時候。受「辱」時，君

子、小人的處境雖然類似，但他們的態度截然不同：君子坦蕩，泰然處之；小人氣餒，灰心沈淪。

一個人若是具有君子的胸懷——受辱心不驚，就能在惡劣的環境中保持正直的品行，遇到挫折、受到打擊，也會常保心境開闊，態度沈著而冷靜。

人世多磨難，並不可怕。有志之士決不會在困辱中憂心忡忡，動搖信心。他們懂得，環境越艱苦、條件越惡劣，越能磨煉人的忍耐心，造就戰勝困難的強者。正像孟子所說：「天將降大任於斯人也，必先苦其心志，勞其筋骨，餓其體膚，空乏其身，行拂亂其所為，所以動心忍性，曾益其所不能。」

林肯尚未發跡之前，曾是一個毫無聲望的年輕律師。有一次，他為了一件重要的訴訟案件趕到芝加哥。當地幾個著名的律師對他毫無歡迎的表示。他去拜訪，到處遭到白眼。因為那些律師自視甚高，目中無人，認為自己和這樣一個年紀輕、資格淺的人往來，未免有失身分。

那麼，林肯怎樣看待他們的侮辱呢？他把眼睛抬得更高，也用鄙視的態度答覆他們嗎？不！如果他這樣做，恐怕他後來就不可能獲得那麼大的名望了。

他回去後，對朋友說：「我從他們的白眼中，看出自己的學識、經驗還遠遠不足。我發現，自己應該學習和尚未學習的東西還多著呢！」

面對侮辱，促使林肯更加努力、上進。結果。他取得了輝煌的成就，當了總統。而那些從前侮辱過他的人還在做平凡的律師。林肯抓住了他們送給他的「輕視」，拿來當作一架梯子，一步步踏上頂峰。

仇恨不應記在心

能夠原諒你的仇人，你就可能得到健康和成功。

說起仇敵，很多人都磨刀霍霍，恨之入骨。對手使你不安，敵人使你憤恨。對他們，你總想報復而後快。

可是，報復對自己造成的傷害，可能不比仇人輕。

對仇人的報復心使你的胸口長期凝結著一股憤怒，使你的心胸狹隘，忍不住時常說些尖酸刻薄的話。醫學上研究指出，報復心態熾燃，長期性的高血壓和心臟病就會如影隨，伴你度過痛苦的一生。而且，你的怒氣充滿心間，充溢四肢，會侵蝕了你對理想的追求，從而事業的成功必將遙遙無期。

「既生瑜，何生亮？」《三國演義》中，雄姿英發的周瑜被他的對手孔明所氣，大叫一聲，吐血而死。

仇視何益？憤恨何益？徒傷自己，令敵人稱快。

「為你的仇敵而怒火中燒，燒傷的是你自己。」

因此，《聖經》中，耶穌鼓勵世人：「愛你的仇敵，善待恨你的人；詛咒你的，要為他祝福；凌辱你的，要為他禱告。」

筆者的老鄉——一個虔誠的基督教徒——就因服膺耶穌的教導，獲得了內心的平靜與安詳。他曾為他的信仰而辯護：「別人強加於我的不公，都是想讓我憤怒。我為什麼要破壞主賜予我的平靜？主告訴我，平和地對待仇恨和不公，心靈會升上天堂。」

的確，從那老鄉的臉上，時刻能夠看到一臉的安怡和平靜，光潔而純正。

　　避免以仇視待人，能夠緩和你與各種競爭對手的關係，建立互相尊重的友誼。

　　在美國，每到大選期間，競選對手之間相互攻訐，事屬尋常。選後，失敗的一方在勝利的一方所組成的內閣中擔任要職，也很常見。在待人處世上，這不能不說是一種啟示。能夠與你成為對手的人，必定擁有足以與你分庭拒禮的實力。你能原諒你的仇人，將你的仇人招至麾下，為你效力，不是更利於實現你的目標嗎？

　　由林肯委任而居於高位的人，很多都曾批評或羞辱過他。就因展現出這種博大的胸襟，林肯終得以使分裂的美國重新統一。

　　反之，如果你用報復和仇視對待對手，會招致一個什麼樣的局面呢？你將使你的敵手更堅定地站在你的對立面，去阻撓、破壞你的行動，破壞你所創造的一切成果。而你也會因為心中充斥著報復的憤怒，無暇他顧。這樣，你的理想和目標又怎麼能夠實現？

　　「如果做得到，不要對任何人懷著忿恨之心。」德國哲學家叔本華如是說。

PART 6

第六章 做人不必在乎生理缺陷

生理的不幸給予生命動力

生理的殘缺或許是人生的一大不幸。但是，不妨深思一下：有哪個人是真正的完人。不必去計較你已經失去什麼，而要珍惜你現在擁有什麼。

小提琴名家帕格尼尼是一位善於化苦難為優美之琴聲的天才。他將小提琴的演奏技巧發揮到極致，成為樂壇上的奇葩。

他首先是一位苦難的承擔者。4歲時，一場麻疹和強直性昏厥症，幾乎使他在白布包裹下裝入棺材。7歲時，又因猩紅熱，瀕於絕命。13歲時罹患嚴重的肺炎，不得不大量放血治療。40歲，牙床突然長滿膿瘡，只好拔掉幾乎所有牙齒。牙病剛癒，又染上可怕的眼疾，幼小的兒子成了他的拐杖。50歲後，關節炎、腸道炎、喉結核等多種疾病吞噬著他的肌體。後來，聲帶也壞了，靠兒子按他的口型翻譯他的想法。他僅活到57歲，就口吐鮮血而亡。死後屍體也備受磨難，先後搬遷了八次。

但他似乎覺得自己的苦難還不夠深重，又給生活設置了各種障礙和漩渦。他長期把自己囚禁起來，每天練琴10至12小時，忘記了饑餓和死亡。13歲起，他就周遊各地，過著流浪的生活。他一生和五個女人發生過感情糾葛，其中有拿破崙的遺孀和兩個妹妹。姑嫂間為他展開激烈的爭奪。但他不屑於上流社會的生活，認定自己命該受苦受難。在他眼中，這不是愛情所致，而是他為了獲得練琴的教室和

惟一一個兒子所做的公平交易。除了兒子和小提琴，他幾乎沒有其他親人。

他確是一個天才。3歲學琴，12歲就舉辦首次音樂會，並一舉成功，轟動音樂界。之後他的琴聲遍傳法、義、奧、德、英、捷等國。他的演奏使帕爾馬首席提琴家羅拉驚異得從病榻上跳下來，木然而立，無顏收他為徒。他的琴聲使盧卡的觀眾欣喜若狂，宣布他為共和國首席小提琴家。他在義大利巡迴演出，產生神奇的效果，人們到處傳說他的琴弦魔力無窮。

歌德評價他：「在琴弦上展現了火一樣的靈魂。」

李斯特大喊：「天啊！在這四根琴弦中包含著多少苦難、痛苦和受到殘害的生靈啊！」

憐惜他的人不禁感嘆：是苦難造就了天才，還是天才特別熱愛苦難？

這問題一時難以說清。但世人分明看到：彌爾頓（英國詩人）、貝多芬和帕格尼尼，這世界文化史上的三大怪傑，居然一個成了瞎子、一個成了聾子、一個成了啞巴——或許這正是上帝依據他的搭配理論，摁著計算器，早已計算搭配好了的呢？

痛苦也是一種享受

一個未曾經歷痛苦的人，必然對幸福缺乏判斷力。

美國西海岸邊境城市聖地牙哥的一家醫院裏面住著因外傷而全身癱瘓的威廉·馬修。每天早晨，他都要承受來

自身體不同部位將近一個小時的疼痛煎熬。年輕的女護士因他所經受的痛苦而以手掩面，目不忍睹。

馬修說：「鑽心的刺痛固然難忍，但我還是感激它——痛楚讓我感到我還活著！」

當災難降臨，面對痛楚，大多數人感受到的是不幸，是失望，表現的是哀怨，是頹廢。而馬修從痛楚中發現喜悅。這似乎有點自虐，顯得荒唐。但置身於馬修的處境，就會知道，他所承受的這種病痛是一度癱瘓的神經再度蘇醒，是重新恢復生命活力的希望。

痛楚，對於鶯歌燕舞、風和日麗的生命綠洲，代表著殘酷與不幸。但對於原已麻木，失去知覺的軀體，它又是生命的喜悅。因為，如果說痛楚之感是一處斷壁殘垣，無知無覺的麻木就無異於死寂的戈壁。

自從潘朵拉魔盒打開後，人就要面對許多痛苦。我們無意讚美痛苦，但它作為生命的一種感覺，從一個對立的角度激勵著生命，詮釋著生命。一個未經歷痛楚的人，必然對幸福缺乏判斷力；一個不能感知痛苦的人，在追求目標之路上必缺乏方向感。

你為「新潮」衝擊卻無所適從而苦悶嗎？為邪教和恐怖主義的肆虐而痛心嗎？為某些權力的異化而憤怒嗎？為人欲的泛濫而擔憂嗎？為正義的乏力、道德的褪色而蹙額嗎？這些都證明你的思想銳度、道德良知、社會責任感沒有麻木！你為不斷膨脹的知識感到疲倦嗎？為劇烈的競爭感到勞累嗎？為失業的危機感到擔憂嗎？這都證明你的自尊、自強、自制、自勵的靈魂還活著！

時時愉悅，固能使人生美麗，痛苦照樣可以使人生燦爛；處處幸運，固然能將生命的價值托起，困難同樣可以

使生命的價值提升——只要你能像馬修一樣，從痛楚中發現喜悅，從困難中找到激情！

個子矮，仍然是「巨人」

聽說拿破崙奇矮。可兩百年過去了，他依然是許多人心目中的「巨人」，在許多人心中揮之不去。

幾年前，許多人喜歡看NBA的夏洛特黃蜂隊打球，特別喜歡看1號博格士上場。

博格士身高只有1.6米，在東方人裏也算矮子，更不用說在即使身高兩米都嫌矮的NBA了。

據說博格士不僅是現在NBA裏最矮的球員，也是NBA有史以來破紀錄的矮子。但這個矮子很不簡單，他是NBA表現最傑出、失誤最少的後衛之一，不僅控球一流，遠投精準，甚至在高個子對手包圍中帶球上籃也毫不畏懼。

博格士像一隻小黃蜂一樣，滿場飛奔。他不只安慰了天下身材矮小而酷愛籃球者的心靈，也鼓舞了平凡人內在的意志。

博格士是不是天生的好手呢？當然不是。他的成就是意志與苦練結出的果實。

博格士從小就長得特別矮小，但他非常熱愛籃球，幾乎天天都和同伴在籃球場上玩耍。當時他就夢想有一天可以去打NBA，因為NBA的球員不只待遇奇高，而且享有風光的社會評價，是所有愛打籃球的美國少年的夢想。

每次博格士告訴他的同伴：「我長大後要去打NBA。」

所有聽到他的話的人都忍不住哈哈大笑，甚至有人笑倒在地上。因為他們「認定」，一個1.6米的矮子絕不可能進入NBA的華廈！

他們的嘲笑並沒有阻斷博格士的志向。他用比一般高個子多幾倍的時間練球，終於成為全能的籃球運動員，也成為最佳的控球後衛。他充分利用自己矮小的「優勢」，行動靈活、迅速，像一顆子彈一樣，運球的重心最低，不會失誤；個子小，不引人注意，投球常常得手。

博格士不怕人嘲笑，也不計較自己的身高。他能夠巧妙地把自己的「劣勢」轉化成「優勢」，所以，他創造了一個似乎不可能的奇蹟！

信念可以戰勝一切病魔

人生可能平淡，可能暗淡，甚至可能遁入黑夜，所以心中不能缺少一盞燈。只有心中裝了一盞燈，才能走到哪裡，都能感受到光明。信念就是人生的一盞明燈。

信念是一個人做事與活下去的支撐力量，它可以幫助他克服人生中的一切困難，到達勝利的彼岸。一個人如果心中沒有了信念，就等於自己給自己判了死刑。

在美國紐約，有一個年輕的警察叫雅瑟爾。在一次追捕行動中，他被歹徒的衝鋒槍射中了左眼和右腿膝蓋。三個月後，當他從醫院出來，完全變了個樣兒，一個英俊的小伙子變成一個又跛又瞎的殘疾人。

紐約市政府和其他組織授予了他許多勳章和錦旗。

記者問他：「你以後將如何面對命運？」

他說：「我只知道歹徒還沒有被抓住。」他那隻完好的眼睛裏射出一種令人戰慄的憤怒之光。

這以後，雅瑟爾不顧眾人的勸阻，多次參與追捕歹徒的行動。他幾乎跑遍了整個美國。有一次，甚至為了一個微不足道的線索，去了歐洲。

9年後，那個歹徒終於在亞洲的某個小國被抓獲了，雅瑟爾在行動中起了關鍵作用。在慶功會上，他再次成了英雄，許多媒體都稱他是美國最堅強、最勇敢的人。

然而，幾年後，雅瑟爾卻在臥室裏割脈自殺了。在遺書中，他寫明了他自殺的原因：「這些年來，讓我活下去的信念就是抓住兇手……現在，傷害我的兇手被判刑了，我的恨也消了，生存的信念也隨之消失。面對自己的傷殘，我從來沒有這樣絕望過……」

身體可以殘疾，心靈卻必須健全。有了健全的心靈，就不會失去信念。

卡耐基曾對世界上一萬個不同種族、年齡與性別的人做過一次關於人生目標的調查。他發現，只有3%的人訂下明確的目標，並知道怎樣把目標落實；另外97%的人，要嘛根本沒有目標，要嘛目標不明確，要嘛不知道怎樣去實現目標……

10年後，他對上述對象再一次進行調查。結果令他吃驚：調查樣本總量的5%找不到了，95%的人還在；屬於原來97%範圍內的人，除了年齡增長了10歲以外，在生活、工作、個人成就上幾乎沒有太大的起色，還是那麼普通與平庸；而原來與眾不同的3%，在各自的領域都取得了相當大的成就，他們10年前所提出的目標，都不同程度地實現了，

並正按原定的人生目標走下去。

可見，傑出人士與平庸之人最根本的差別並不在天賦，也不在機遇，而在於有無立下人生的目標！沒有目標的人，歲月的流逝只意味著年齡的增長，只能日復一日重複著原本平庸的生活。而那些傑出人士即便赤手空拳，只要心中充滿信念，就能戰無不勝。

亞歷山大大帝出發遠征波斯之前，將自己所有的財產都分給臣下。

大臣皮爾底加斯非常驚奇，問道：「那麼，陛下帶什麼啟程？」

亞歷山大回答：「我只帶一種財寶，那就是『希望』。」

聽到這一回答，皮爾底加斯說：「那麼，請讓我們也分享它吧！」他謝絕了分配給他的財產。

英國浪漫主義詩人雪萊在一首詩中這樣說：「冬天來了，春天還會遠嗎？」

即使處在寒冷的冬天，只要你心中充滿信念，就能感受到春天的氣息；即使你身陷逆境，只要心中充滿信念，就一定會走出困境，走向成功；即使你被挫析和失敗一次次打倒，只要你心中充滿信念，就肯定能夠昂首挺立。總之，不屈的毅力和信念可以幫助我們贏得未來。

有一個富人，怕死後財產再無用處，因此想把自己的財富的一部分送給窮人。條件是：只送給那些對生活毫不存希望的人。

有一天，他看見一個衣衫襤褸的人坐在一堆垃圾上，就走過去送給他100個金幣。這人不解，問富人為什麼送給他這麼多錢。

富人說了原因。

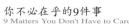

這人氣憤地把金幣擲還給他，並說：「只有死去的人心中才不存希望！」

的確，人生不能沒有希望，所有的人都生活在希望之中。假如真有人生活在絕望中，那他只能是失敗者。身處逆境的人，只要不失去希望，就能打開一條活路。

林肯曾說：「我一直認為，如果一個人決心獲得某種幸福，那他就能得到這種幸福。」

其實，人與人之間原本只有很小的差別，生命的質量卻往往存在巨大的差異。這當中，一個重要的原因就在於你的心中有沒有信念。信念是力量的源泉，是開啟人生之路的探照燈，是打開成功之門的金鑰匙。

海明威說：「人可以被打敗，但不可以被打倒。」因為，只要你心中存有信念，任何外來的不利因素都撲滅不了你對人生的追求和對未來的嚮往。很多時候，擊敗我們的不是別人，而是自己對自己失去了信心。

一個人一輩子能夠做自己想做的事是最幸福的。然而，決定你的未來是幸福還是不幸，一個最重要的因素就是：你的心中是否充滿信念。也許我們曾不滿於自己的平庸，也許我們曾抱怨過生活的無聊，然而，當我們在心中為自己設下目標並持之以恆地向前邁進，我們的生活也就掀開了新的一頁。

人人都希望自己過得快樂、幸福。可快樂在哪裡呢？當你刻意去尋找快樂的時候，你很可能一無所獲。可你注意了嗎？我們感到快樂的時候，往往就是我們已訂下一個目標並為達到這個目標而努力的時候。

為你的生活樹立目標，每天朝它前進一點點，你必會永遠感到快樂。

挑戰自己的弱點

　　誰都無法完美無缺，但我們無須為自己有弱點而痛不欲生。只要坦然地面對自己的缺陷，充分展現真實、生動的自己，就能夠擁有成功、快樂的人生。況且，有時候，人的劣勢未必就是劣勢，可能反而成了優勢。

　　10歲的美國小男孩里維在一次車禍中失去了左臂。但是，他很想學柔道。最終，他拜一位日本柔道大師為師，開始學習柔道。他學得不錯。可是練了三個月，師傅只教了他一招。他很感疑惑。

　　一天，他終於忍不住了，問師傅：「我現在只會一招，是不是應該再學學其它招術？」

　　師傅回答：「不錯，你的確只會一招。但你只需要會這一招就夠了。」

　　里維還是不明白，但他很相信師傅，於是繼續照師傅的要求練下去。

　　幾個月後，師傅第一次帶里維去參加比賽。里維自己都沒有想到，居然輕輕鬆鬆地贏了前兩輪。第三輪稍稍有點艱難，但對手很快就變得有些急躁，連連進攻。里維敏捷地施展出自己的那一招，又贏了。就這樣，他迷迷糊糊地進入了決賽。

　　決賽的對手比里維高大、強壯許多，也似乎更有經驗。有一度，里維顯然有點招架不住。

　　裁判擔心里維受傷，叫了暫停，並打算終止比賽。

然而，師傅不答應，堅持道：「繼續比下去！」

比賽重新開始。對手放鬆了戒備。里維立刻使出了他那惟一的一招，很快制服了對手，贏了比賽。最後，他得了冠軍。

回家的路上，里維鼓起勇氣問師傅：「師傅，我怎麼憑一招就贏得了冠軍？」

師傅答道：「有兩個原因：第一，你幾乎完全掌握了柔道中最難的一招；第二，就我所知，對付這一招，惟一的辦法就是對手抓住你的左臂。」

里維最大的劣勢變成了他最大的優勢。

所以說，只要懂得揚長避短，就無劣勢可言。再聰明些的話，還可以把劣勢變成特點或優勢。

面對自己的弱點，千萬不要放棄挑戰它的努力。只要我們堅信自己能夠克服、戰勝弱點，生活對我們還是很公平的；只要我們發揮勇氣，就一定能獲得生活的獎勵。

美國石油大亨保羅·蓋蒂菸癮極大，癮頭一上來，就抵擋不住，口中沒有叼根菸，就無法忍受。

一次，他在一個小城的旅館過夜，很快進入夢鄉。清晨兩點鐘，他醒了，想抽一根菸。不料，菸盒是空的。此時，旅館的餐廳、酒吧早關門了，想得到香菸，惟一的辦法是到幾條街外的火車站去買。

蓋蒂脫下睡衣，穿好了衣服，準備出門。伸手去拿雨衣時，他突然停住了。

他問自己：我這是在幹什麼？半夜三更的，這麼跑出去，像話嗎？我是一個相當成功的商人，一個自以為有足夠的理智對別人下命令的人，為何竟做出如此可笑的舉動？竟要在深更半夜離開旅館，冒著大雨走過幾條街，僅

僅為得到一根菸？難道我竟然如此懦弱，讓一根菸主宰我？我對這個懦弱的自我，竟然只能屈膝投降嗎？

如此一想，他的心靈受到了震撼。他將空菸盒揉成一團，扔進了字紙簍，換上睡衣，躺回床上，又酣然入睡。

在經歷過這件事後，保羅‧蓋蒂再也沒有抽過香菸。他以堅強的意志戰勝了曾經懦弱的自己，不僅事業越做越大，成為世界頂尖富豪之一，而且身體很好，到了80多歲高齡，還能通宵加班。

如果我們放任甚至縱容自己的弱點，不努力控制甚至改變這種不利的情況，那麼，留給我們的必然只有「失敗」這兩個字。如果我們善於以自己的短處為警戒，努力不懈，就可以揚長避短。

讓暗淡的人生變得輝煌

愛爾蘭作家克里斯蒂‧布朗1933年出生不久，便患了嚴重的大腦癱瘓症。這是一種自己極度痛苦，別人看了也痛苦的病。直到5歲，小布朗還不會說話，頭部、身軀、四肢也都不能活動。

父母帶著他四處求醫，可情況始終沒什麼改善。最後，家裏人都失去了信心，認為他只能這樣過一輩子了。

有一天，躺在床上的小布朗看著妹妹用粉筆畫畫。他忽然伸出自己的左腳，把妹妹手裏的粉筆夾了過來，在床沿上亂畫起來。

妹妹大聲哭喊：「給我粉筆！給我粉筆！」

哭喊聲招來了媽媽。媽媽的眼光沒有停留在妹妹身上，而是落在小布朗的左腳上。她高興地驚叫道：「這孩子的左腳還能動！」

真是喜從天降啊！母親由此認為，她的兒子還能在社會上生存下去。她開始教他用左腳寫字。

布朗的頭腦不笨，他第一天晚上便在媽媽的教導下，學會了英語字母「Ａ」。一年後，26個字母，他都能用腳寫下來了。

他繼續刻苦學習，除了寫字，還看書。

全家人省吃儉用，省下錢來，為布朗買兒童讀物和文學名著。布朗對文學作品表現出濃厚的興趣。

隨著布朗一天一天長大，他慢慢能說話了。他想要寫信、做筆記，還想試著練習寫作。這樣一來，笨拙的左腳趾就不太勝任了。他對媽媽說，他要一台打字機。

媽媽遲疑地說：「孩子，買了打字機，你怎麼使用呢？你沒有健全的手啊！你能學會用腳趾打字嗎？」

布朗回答：「是的，媽媽，我沒有健全的手，但我有一隻健全的腳。我要成為世界上第一個用腳趾打字的人！」

母親想方設法替兒子買來了一架舊打字機。布朗把打字機放在地上，自己半躺在一把高椅上，用左腳按動鍵鈕。他像著了迷一樣，整天練習。累了，就用左腳趾夾住筆畫畫。

由於腳趾掌握不好打字的力度，所以，一開始打出的字不是模糊不清，就是打爛了紙。但布朗一點也不灰心。他仍然著迷似地堅持練習，不管是炎熱的夏天，還是寒冷的冬天，他都沒有中止過一天。

他的左腳趾長出了老繭。終於，他打出了力度適中、

清清楚楚的字，而且能夠熟練地給打字機上紙、退紙，還能用左腳趾整理稿件。

布朗學會打字後，寫作的願望變得更加強烈。他把自己想寫一部小說的想法告訴了母親。

母親知道兒子是個決心強烈、毅力堅定的人，也理解兒子的心情，可她知道寫作比學習打字不知要難上多少倍，她擔心兒子一旦失敗，會承受不了心靈上的創傷。她不想讓這個不幸的孩子再受什麼傷害，平添許多痛苦。另外，她也覺得，兒子還是個小孩子，沒有多少生活閱歷，有什麼可寫的呢？

於是，她勸止道：「孩子，你有雄心壯志，媽媽很高興。但是，人生的道路很曲折，不像你想的那麼簡單。萬一失敗了，怎麼辦？我看你還是好好休養，讀讀小說、畫畫圖、玩玩打字機就行了，不要想太多。你現在年紀還小，等以後再說吧！」

「媽媽，人活著就應該有所追求。我是一個殘疾人，喪失了生活中的許多樂趣，別人都看不起我，兄弟姐妹也把我當成包袱。我要奮鬥。我要讓大家知道，我不是一個多餘的人。」

布朗躺在床上，靜靜地回憶著自己自從懂事以來不幸而坎坷的經歷，決心一定要把自己的生命歷程寫成一部自傳體小說。他在心中醞釀著。

過了幾個月，他已經用他的左腳打出了他第一部小說第一章的初稿。

他首先把這最初的成果念給母親聽。

母親被小說主人公的痛苦遭遇和堅強的性格深深打動。她流著淚聽兒子念完，然後把兒子緊緊摟在懷裏，

說：「孩子，一定要堅持下去，我相信你會成功！」

　　不知寫了多少個日日夜夜，不知費了母子倆多少心血，不知克服了多少常人難以想像的困難，不知經歷了多少次的失敗和挫折，終於，在布朗21歲的時候，他的第一部自傳體小說問世了。

　　他為它取名《我的左腳》。他想在小說的標題中，就開門見山地告訴世人：我的左腳支撐起我的整個生命，我的左腳在創造自己不屈不撓的生活。

　　布朗雖然只能用左腳寫小說，但這並不妨礙他在文學創作的道路上不斷拼搏。

　　16年後，他的又一部自傳體小說《生不逢辰》也出版了。這部小說感情真摯、哲理深刻，故事情節非常動人，語言像詩一般優美，一出版便震動了國內外文壇，成為一部暢銷書。

　　短時間內，15個國家相繼翻譯出版了他的書，有的國家還把它改編成電影。

　　布朗在妻子無微不至的照顧和幫助下，1974年出版小說《夏天的影子》，1976年發表小說《茂盛的百合花》。另外，在1972到1976年間，他還創作出版了3本詩集。他寫的最後一部小說是《錦繡前程》。

　　克里斯蒂·布朗僅僅活了48歲。可他在短短的幾十年內，靠頑強的意志、堅持不懈的精神，同命運鬥爭，用一隻左腳把原來暗淡的人生變得輝煌。他的左腳不僅寫出了小說，而且寫出了人類戰勝困難的力量和精神。

彌補自身的缺陷，要努力奮鬥

如果你有了某種缺陷，不要輕易氣餒，要努力奮鬥。這樣的奮鬥當然很艱難。但是，只有敢於奮鬥的人，才堪稱強者。

美國第26任總統西奧多‧羅斯福八歲的時候，長著一副極「抱歉」的面孔，一副暴露在外、參差不齊的醜牙，那種畏首畏尾的神態，任誰看見了都覺得好笑。

在教室裏。老師叫他站起來背書。他侷促不安，呼吸急促，好像快要斷氣了，兩腿站在那裏直發抖，嘴裡牙齒顫動得像要脫落下來似的。他背出的句子含糊不清，幾乎沒有人聽得懂。背完後，他頹然坐下，就像是身經百戰，疲憊不堪的戰士突然獲得了休息。

也許你以為他一定十分內向、神經過敏、文靜怕動、不喜交際、常常自怨自艾。真這麼想，你就錯了。他絕不因身有種種缺陷而氣餒，反而因為有了這些缺陷而加緊奮鬥。這種奮鬥不是誰都能做到的。他經過長期的堅持和學習，才把那常常被人鄙視的氣喘轉化成一種沙聲。他咬緊牙關，制止齒唇的顫動和內心的畏縮。

缺陷造就了羅斯福奮鬥的精神，這無疑是他經營一生之偉業最可貴的資本。他絕不把自己看作一個懦弱無能的人。當他看見別的孩子在操場上嬉笑、跳躍、東西奔跑，做著種種劇烈的運動，他也踴躍參加，從不退縮。他也能和大家一樣游泳、騎馬、賽球、競走，而且常常名列前

茅，進而成為業餘運動家。

　　他常常以那些堅定、勇敢的孩子為榜樣，自己也常常體驗冒險的精神，勇敢面對種種惡劣的環境。當他和別人在一起，他總是用親密、和善的態度對待每個同伴，主動與人接近。這樣一來，他即使懷著內向的自憐心理，也用自己的行動克服了。

　　他深深體會到如何待人處世：只要自己心境舒泰快樂，一切都將順利得好像預先安排好了一般。

　　在升入大學之前，他自我鞭策，用有節律的運動和生活恢復了健康。他一改以前的懦弱，變成精力超眾、強健愉快的人。

　　他常常利用假期，到亞歷山大去追逐牛群、到洛杉磯去捕熊、到非洲去捉獅子。他展現了勇敢強壯的英姿。誰還會想到他就是曾在學校裏受窘的那個小學生呢？

想得開，才能過得好

　　心胸狹窄的人不會快樂。心胸狹窄，最簡單的定義就是：太過分專注於個人的利益，容不下別人的利益。

　　波爾赫特是一位著名的話劇演員。從年輕時起，她在世界戲劇舞臺上活躍了50年之久。但71歲在巴黎時，她突然發現自己破產了。更糟糕的是，她在乘船橫渡大西洋時，不小心摔了一跤，腿部傷勢很嚴重，並引發了靜脈炎。

　　為她治病的醫生認為，必須把她的腿截去，才能使她轉危為安。可是，醫生遲遲不敢把這個可怕的決定告訴

她，怕她忍受不了這個打擊。

可事實證明，這位醫生想錯了。當他最後不得不把這個消息說出來時，波爾赫特注視著他，平靜地說：「既然沒有其它更好的辦法，就這麼辦吧！」

手術那天，波爾赫特高聲朗誦著戲裏的一段臺詞，毫無悲傷的神色。

有人問她，她是否在安慰自己。

她的回答是：「不！我是在安慰醫生和護士。他們太辛苦了！」

後來，波爾赫特繼續頑強地在世界各地演出，又在舞臺上工作了7年。

阿根廷著名的高爾夫球手溫森德在贏了一場比賽後，得到一筆可觀的獎金。他拿到支票，微笑著走出記者的重圍，準備開車回俱樂部。

這時候，有一位年輕的女子向他走來。她向他表示祝賀，然後說，她那可憐的孩子病得很重，如果拿不出一筆昂貴的醫療費，孩子就可能死掉。

她的講述把這位球星深深地打動了。溫森德二話沒說，掏出筆，在剛剛贏得的支票上飛快地簽了名，然後塞給那個女子。他說：「這是我參加比賽的獎金。祝你那可憐的孩子走運！」

過了幾天，溫森德在一家高爾夫球俱樂部進午餐時，一位職業高爾夫球聯合會的管理人走過來，問他是否曾碰過一個自稱孩子病得很重的女子，並給了她一張支票。

溫森德點了點頭，臉現疑惑。

那個人對他說：「這是停車場的服務生告訴我的。不過，那個年輕女子是個騙子。她根本沒有結婚，更不可能

有什麼病得很重的孩子！我的朋友，你讓人給騙了……對你來說，這一定是個壞消息！」

「哦！你是說根本沒有一個小孩子病得快死了嗎？」溫森德高興地說：「謝天謝地！這真是一個好消息！」

為自己的擁有而開懷

緊要關頭咬咬牙，成功的可能性將增大十倍。

羅伯特開了一家雜貨店，由於經營不善，兩年間負債累累。他像一隻鬥敗的公雞，再也沒有繼續奮鬥下去的勇氣。他想關掉雜貨店，去找一份穩妥的工作。

正當他想將一張轉讓店面的告示貼在店門口時，忽然看見一個沒有雙腿的殘疾人從街的另一頭走來，兩隻手用木棒撐著向前。這個人微笑著提起小木棒，準備登上路邊的人行道。就在那幾秒鐘，兩人的視線相遇。

殘疾人坦然一笑，很有精神地向羅伯特打招呼：「早安，先生！今天天氣真好啊！」

羅伯特望著這位殘疾人，體會到自己是何等富有！他心想：一個缺了雙腿的殘疾人依然能夠如此快樂、自信，我這個四肢健全的人為什麼做不到？於是，他挺了挺胸膛，將轉讓店面的告示塞進垃圾桶。

後來，他的小店不但還清了債，而且贏利不菲。

享受屬於你的每一分鐘

　　不要計算已經失去的東西，多數數現在還剩下的東西。這是享受人生的一種智慧。

　　在唐山大地震中，王家兄弟倆死裏逃生，從廢墟中被挖出來。政府幫他們蓋了新房，解決了溫飽。

　　哥哥念念不忘失去的一切，成天念叨著死去的妻呀，兒呀，豬呀，雞呀。

　　弟弟不但失去了妻子、女兒和全部家財，還失去了左腿。但他老在想：我還活著真是幸運！我不愁吃、不愁喝。我應當感謝政府幫我蓋了新房，感謝上蒼給我留下一條腿和一雙完好的手。因為這樣一來，我能自己做飯、穿衣，還能幫人幹活。

　　哥哥常把得到的東西拋置一邊，對失去的東西念念不忘，整天陷入憂鬱、痛苦之中，不久便患上了胃潰瘍和心臟病，不到三年便病死在醫院。

　　弟弟珍惜自己現有的一切，學會了用心去享受已追求到的幸福。他雖然失去了一條腿，但他會修鞋。當他看到別人穿上他修好的鞋子，向他投來感激的目光，他便情不自禁地對自己說：「活著真好！」

　　兄弟倆遭遇相同，又同樣幸而得救，過著相似的生活。弟弟總覺得自己活得很幸福。哥哥卻恰恰相反。兩種結果，兩種命運。原因就是：哥哥對已經失去的東西念念不忘，卻對擁有的東西視而不見。而弟弟不去想已經失去

的東西，卻常記著現在擁有的東西。

不難發現，會享受人生的人，不在於他擁有多少財富，不在於他的住房是大是小、薪水是多是少、職位是高低，也不在於他成功或失敗，而在於他會數數。

寧夏南部山區有一位還未脫貧的農民，他常年住的是黑咕隆咚的窯洞，頓頓吃的是玉米、馬鈴薯，家裏最值錢的東西就是一個盛麵的櫃子。可他整天無憂無慮，早上唱著歌兒去幹活，夕陽落山，又唱著歌兒回家。

周遭的人真不明白，他整天樂什麼？

他說：「我渴了有水喝，餓了有飯吃，夏天住在窯洞裏不用電扇，冬天睡熱乎乎的炕頭，日子過得美極了！」

這位農民能珍惜自己所擁有的一切，從不為自己欠缺的東西而苦惱，這就是他能感受到幸福的真正原因。

我們絕大多數人所擁有的，遠遠超過這位農民，可惜自己常常忽略。比如，你雖然暫時失業，但你有一個和睦的家庭，家中人人健康，無災無病；你的收入雖然不高，但粗茶淡飯管飽管夠，絕無那些富貴病的侵擾；你的配偶或許不出眾，但他（她）能與你相親相愛，真情到老；你的孩子雖然沒有考上大學，但他（她）懂得敬愛父母，自尊，奮鬥不懈……該數的東西還有很多很多。

畢卡索說得好：「人生應該立下兩個目標：第一，得到所想要的東西，盡力去爭取；第二，享受它，享受擁有它的每一分鐘。常人總是朝著第一目標邁進，從來不爭取第二個目標，因為他們根本不懂得享受。」

PART 7

第七章

做人不必在乎挫折、失敗

挫折和失敗是成功之母

　　人生在世，總會有幾番起落。在我們前進的道路上，挫折和失敗在所難免。

　　少年朋友學騎車、練游泳，往往摔跤、嗆到水；青年學生高考落榜，失去上大學的機會；辛勤創業者，蓋起房屋，卻被洪水衝垮；商海弄潮兒想賺錢，反倒蝕了本；愛情出現風波，心上人移情別戀；朋友發生誤會，友誼蒙上陰影……凡此種種，都是一種挫折和失敗。只要有人類存在，就一定有挫折和失敗存在。

　　挫折和順利、失敗和成功，都是完整的人生中不可缺少的組成部分。它們之間，相反相成，互相轉化。

　　老子說：「福兮禍之所伏。」

　　順利往往伴隨著挫折而來，成功常常在失敗中誕生。無數事實證明，挫折和失敗是成功之母。

　　偉大的科學家愛因斯坦上小學時，班上的同學都罵他「笨蛋」。

　　有一天手工課，老師從學生作出的一大堆泥鴨子、布娃娃、蠟水果等作品中拿出一隻很不像樣的小木板凳，氣憤地問道：「你們誰見過這麼糟糕的板凳？我想，世界上不會有比這更壞的凳子了。」

　　愛因斯坦回答：「有的。」

　　接著，他從書桌裏拿出兩隻更不像樣的凳子說：「這是我第一次和第二次作的。老師手上的是我第三次作成。

它的確很難使人滿意，但總比這兩隻強些吧！」

19世紀法國著名的小說家莫泊桑初學寫作時，把習作拿給當時的著名作家福樓拜看。由於質量不高，福樓拜不客氣地要他把它燒掉，並勸他踏踏實實地從學習觀察社會的基本功做起。經過長期堅持不懈的努力，莫泊桑終於成為短篇小說大師。

羅曼‧羅蘭是20世紀著名的作家、音樂家、社會活動家。他把第一篇小說《童年的戀愛》拿給當時一位權威的批評家看時，也遭到否定。雖然他當時氣得把原稿撕得粉碎，但他沒有灰心，繼續堅持寫作，終於成為世界聞名的大作家。

挫折和失敗，都是成功之路上不可或缺的伴侶。人，不經磨煉不成才；事，不歷坎坷難正果。一切挫折和失敗，都為其後的崛起提供了不可多得的思考和契機。

一位作家說：「對苦難的一次承擔，就是自我精神的一次壯大。」

每一個有識之士、有志之士，都不應在挫折和失敗之前逃遁、沈淪，而應在挫折和失敗中崛起、抗爭，在挫折和失敗中自強不息。這是促使人的精神走向理性、走向成熟的條件之一。

挫折和失敗不僅是人的生命中不可迴避，必然出現的組成部分，而且，由於它的出現，可使人的生命更加絢麗多姿。前人說：「無限風光在險峰，動人的音樂多為悲涼的韻調。」的確，生命似洪水奔流。若一馬平川，水勢必然平緩。只有在遇到島嶼和暗礁之際，生命之水才能激起美麗的浪花。

朋友們，讓我們牢記「挫折和失敗是成功之母」這一

至理名言，直面挫折與失敗，勇往直前，去奪取成功吧！

在絕望處抓住快樂

只有那些在絕境中仍能抓住一絲快樂的人，才能領悟人生之樂的真諦。

托爾斯泰在他的散文名篇《我的懺悔》中講了這樣一個故事：

一個男人被一隻老虎追趕而掉下懸崖。幸運的是，在跌落的過程中，他抓住了一棵生長在懸崖邊的小灌木。此時，他發現，頭頂上，那隻老虎正虎視眈眈。低頭一看，懸崖底下還有一隻老虎。更糟的是，兩隻老鼠正忙著啃咬懸著他生命的小灌木之根鬚。

絕望中，他突然發現附近長著一簇野草莓，伸手可及。他拽下草莓，塞進嘴裏，自語道：「多甜啊！」

生命的進程中，當痛苦、絕望、不幸和災難向你逼近時，你是否還能顧及享受一下野草莓？

人生沒有過不去的坎

筆者曾讀過一則非常有意思的寓言：

話說兩條歡天喜地的河，從山上的源頭出發，相約流向大海。它們各自經過了山林幽谷、翠綠的草原，最後在

隔著大海的一片荒漠前碰頭，相對歎息。

若不顧一切往前奔流，它們必會被乾涸的沙漠吸乾，化為烏有；要是停滯不前，就永遠到達不了自由、無邊無際的大海。

雲朵聞聲而至，向它們提出一個拯救它們的辦法。

一條河絕望地認為雲朵的辦法行不通，猶豫不決。另一條河則不肯就此放棄投奔大海的夢想，毅然化成了蒸汽，讓雲朵牽引著它飛越沙漠，終於隨著暴雨落到地上，還原成河水，流到大海。

不相信奇蹟的那條河，宿命地流向前方，被無情的沙漠吞噬了。

在面對生活中的困境時，我們都可以選擇當第二條河，憑著自己堅定的信念和夢想，在絕境中尋找生機。不可用死亡拒絕面對難題。

筆者訪問過一位乳癌患者。她說，當初切被推入手術室的一刻，她不斷地和上帝「討價還價」，祈求上帝讓她多活10年，待她那兩個年幼的孩子年長些，再把她帶走。

在那一刻，孩子成了她活著的精神支柱。為了孩子，她積極樂觀地面對病魔，一路走來，已經過12年，而上帝猶未向她「討債」。

她說，患病後認識的另一位女士就沒有這麼幸運了。雖然病情相似，但她因丈夫離開，生活失去了重心，自憐自艾，放棄了與病魔搏鬥。

面對死神的挑戰，患病不到五個月，這位女士就選擇棄權，像極了沙漠中被索取水分致死的第一條河。

反觀前者，從最初難以接受地不斷質問：「為什麼是我？」到現階段自適豁達地面對自己的病情，她顯然已飛

越過生命中乾旱的沙漠，嘗到了生命之源的甘甜。

是不是沒嘗過茶般的苦澀，就無法體會美酒的醉人？難道我們就非得經過挫折和生活的磨練，才能真正領悟出活著的意義？

我們周圍有很多看似平平無奇的人，背後其實有著一個個發人深省的故事，待我們去發掘，並引以為借鑒。

不再害怕失敗

很久以前，我是一個做任何事都害怕失敗的人。那時一直抱著這樣一個信條：不做，是最保險的處事之道。所以，我一無所成。直到有一天，在一本書中讀到一個人的簡歷，我才如夢初醒，開始重新認識自己，思考起自己的未來。這個人的簡歷是這樣的：

- 22歲　生意失敗
- 23歲　競選州議員失敗
- 24歲　生意再次失敗
- 25歲　當選州議員
- 26歲　情人去世
- 27歲　精神崩潰
- 29歲　競選州議長失敗
- 31歲　競選選舉人失敗
- 34歲　競選國會議員失敗
- 37歲　當選國會議員
- 46歲　競選參議員失敗

- 47歲　競選副總統失敗
- 49歲　競選參議員再次失敗
- 51歲　當選美國總統

這個人就是亞伯拉罕・林肯。許多人認為他是美國歷史上最偉大的總統。

的確，「失敗」是個消極的詞兒，連它的聲音都是消極的。除了「死亡」之外，沒有別的詞兒能比它更令人聽而生畏。但是不可避免，我們每個人在人生的道路上，都或多或少會遇到它。

那麼，究竟應該怎樣面對它？

答案是：不再害怕失敗。

問題出現時，光是叫嚷、埋怨是沒有用的，關鍵是要努力找出解決問題的方法。而這個方法，只有一個人能夠完成，那就是你自己。

因為終有一天，你必須獨自面對自己的人生！

抗拒挫折，戰勝失敗

遇到挫折並不可怕，可怕的是你不能勇敢而坦然地面對它。挫折也是生活的一部分，你要學會去面對，將每一次挫折看成是你再次奮鬥的動力。切不可逃避、退縮。

1832年，林肯失業了。這使他很傷心。但他下決心要當政治家，當州議員。糟糕的是，他競選失敗了。一年內遭到兩次打擊，對他來說，這無疑是很痛苦的。

接著，林肯著手自己開辦企業。可一年不到，這家企

業又倒閉了。在以後的17年間，他不得不為償還企業倒閉時所欠的債務而到處奔波，歷盡磨難。

隨後，林肯再一次決定參加競選州議員。這次他成功了。他內心萌發了一絲希望，認為自己的生活終於有了轉機：「我或許有成功的希望了！」

1835年，他訂婚了。但離結婚還差幾個月，未婚妻不幸去世。這對他精神上的打擊實在太大了，他心力交瘁，數個月臥床不起。1836年，他得了神經衰弱症。

1838年，林肯覺得身體狀況良好，決定競選州議會議長。可他失敗了。1843年，他又參加競選美國國會議員，仍然沒有成功。

林肯雖然一次次地嘗試，卻一次次地遭到失敗：企業倒閉、情人去世、競選敗北。

要是你碰到這一切，你會不會放棄——放棄這些對你來說很重要的事？

林肯沒有放棄。他也沒有說：「再失敗，會怎樣？」

1846年，他又一次競選國會議員，終於當選了。

兩年任期很快過去。他決定爭取連任。他認為自己在國會的表現相當出色，相信選民會繼續支持他。但很遺憾，他落選了。

這次競選，他賠了一大筆錢。

林肯申請當本州的土地官員，但州政府把他的申請退回，上面指出：「做本州的土地官員，必須擁有卓越的才能和超常的智力。你的申請未能滿足這些要求。」

接連又是兩次失敗。在這種情況下，你會堅持繼續努力嗎？你會不會說：「我徹底失敗了……」

林肯沒有服輸。

1854年，他競選參議員，失敗了；兩年後，他競選美國副總統提名，被對手擊敗；又過了兩年，他再一次競選參議員，還是失敗了。

林肯嘗試了11次，只成功了兩次。但他一直沒有放棄自己的追求，他一直在做自己生活中的主宰。

1860年，他成為美國總統。

亞伯拉罕‧林肯遇到過的敵人，你我都曾遇到。他面對困難沒有退卻、沒有逃跑，他堅持著、奮鬥著。他壓根兒沒想過要放棄努力。他不願放棄，所以他成功了。

人生的彎路越多，收穫越大

麻煩就是人生。雖然它不是人生的全部，但確實帶給我們警醒，告訴我們人生不可能一帆風順，甚至處處荊棘。但我們付出的多，獲得的也會很多。

20歲那年，我任職的公司突然倒閉。我失業了。

經理對我說：「你真幸運！」

「幸運？」我大叫：「我浪費了兩年的光陰，最後幾個月的薪水也沒拿到……」

「真的，你很幸運。」經理仍然說：「凡在早年受挫的人都很幸運，可以學到鼓起勇氣，從頭做起的門徑。運氣一直很好，到了四、五十歲災禍突然臨頭的人，那才真的可憐。這樣的人沒學過如何重新做起，這時候學，年紀已太大了。」

35歲時，一位商業顧問對我說：「不要因為事情太麻煩

而抱怨。你收入多，就是因為工作麻煩。一般人不需要負什麼責任，沒什麼麻煩，報酬也少。只有接下困難的工作，才能獲得豐厚的報酬。」

40歲時，一位哲學家告訴我：「再過五年，你就會有重大的發現。那就是：麻煩不是偶然出現，麻煩就是人生。」

如今我50歲了，回想起這三位朋友的啟示，覺得他們的話真是至理名言。

年輕時如果真的一帆風順，不知道麻煩為何物，到老時真正的麻煩來了，那也許會成為人生最大的麻煩。

把煩惱關在門外

很多人儘管在生活中沒遇過什麼大的挫折和創傷，但一顆心總是被煩惱緊緊纏裹。這些煩惱看起來也許微不足道，比如煩老婆沒有把衣服洗乾淨，煩孩子考試沒有考第一名，煩上司今天表揚的是張三而不是他李四，煩自己買的彩票總也中不了獎……

人生短暫，我們用無比寶貴的時間去愁一些本不該在意的小事，值得嗎？我們應該把自己的精力投入那些應該做的事務上面。

有一天，英國首相勞合‧喬治和朋友一起散步。每走過一道門，他都小心翼翼地把它關好。

朋友說：「你用不著關那些門呀！」

他應道：「我這輩子都在關閉我身後的門。當我關門時，過去的事也被關在後面了。然後，我重新開始，向前

邁進。」

　　煩惱也一樣。只要我們把它們擋在時間的大門之外，它們就永遠不會進入我們的心靈騷擾我們。無論多麼糟糕的事，一天之後，便會成為過去。所以，何必在意？煩惱很多時候是自找的。就穿鞋、走路這樣的小事而言，很多人也要在上邊花腦筋。什麼事都要顧忌，難免給心靈戴上沈重的枷鎖，輕鬆不起來。

　　許多人在生活的過程中，習慣給自己增加壓力。他們總是把問題看得很嚴重，做錯了一件不足掛齒的小事，也要反覆問自己：「我以後怎麼見人？別人會怎麼看我？」

　　其實，除了你自己，誰在乎呢？快樂或失意，很快便成為往事。

　　對什麼事情聯想到一生一世的人，遇到一點小麻煩，也要自己嚇唬自己：「我這輩子怎麼辦？」

　　其實，煩惱對我們來說，本就飄忽不定。想到它時它便存在；忽略它時，它便杳無蹤影。

　　忽略煩惱的關鍵是：你必須為自己解套。拋棄對過去的煩惱和對未來的憂慮，能幫你享受現在每一天的快樂。

　　煩惱的時候，你只要用希望代替失望，用勇敢代替沮喪，用樂觀代替悲觀，用寧靜代替煩躁，用愉快代替煩悶就夠了，這樣一來，煩惱在你的心靈中就無從生存。

　　很多人總是會情不自禁地羨慕別人的生活方式，以為那就是最快樂的享受。其實，不切實際地改變自己，不僅得不到快樂，反而會喪失快樂，會增添許多大大小小的麻煩和苦惱。

　　人生路上，每個人都在不斷累積著事事物物。除了名譽、地位、財富、親情、人際、健康、知識之外，也在不

停地積累煩惱、鬱悶、挫折、沮喪、壓力等等。這其中，有的是應該永遠保存，有的是早該丟棄而未丟棄。

拿煩惱來說，它總是和快樂、思念、回憶、痛悔、焦慮糾纏在一起，讓人很難放下。可是，不把煩惱放下，它就會使我們的心情變得惡劣，智力陡然下降，判斷連續失誤。於是，事情進入一個更糟糕的怪圈。

一天，奧斯卡在奧克拉荷馬城的火車站等車。他要坐車往東邊去。

在氣溫高達43℃的西部沙漠地區，他已經待了好幾個月。他是麻省理工學院的畢業生。結合了舊式的探礦杖、電流計、磁力計、示波器、電子管和其它儀器，他製造了用以勘探石油的新式儀器。數個月來，他都在為一家東方的公司勘探石油。

現在他得知：他所屬的公司因無力償付債務而破產了。為此，他踏上了歸途。他失業了，前景相當暗淡。他心中充滿煩惱。

由於他必須在火車站等待幾個小時，他決定在那兒架起他的探礦儀器，好消磨時間。儀器上的讀數表明車站地下藏有石油。但他不相信這一切。他在憤怒中踢毀了那些儀器：「這裏不可能有那麼多石油！這裏不可能有那麼多石油！」他心煩意亂地反覆叫嚷著。

可是，不久之後，後繼的人就發現奧克拉荷馬城地下確實埋有豐富的石油。甚至可以毫不誇張地說，這座城就浮在石油上。

奧斯卡聽到這個消息，一定會為自己當初不明智的舉動而懊悔、痛惜不已。舊煩惱不去，又衍生新煩惱，豈不是加倍煩惱？

擺開煩惱，輕鬆前行，相信美好的時刻即將來臨——這樣的心態，才是快樂人生的前提。

　　紐約街頭有一位賣花的老太太，名叫索菲亞。她的穿著相當破舊，身體也很虛弱，但她臉上總是滿面春風。路人被她的笑容所打動，常常爭相買她手中的花。

　　有人問她：「你看起來很高興……」

　　她回答：「為什麼不呢？一切都這麼美好！耶穌在星期五被釘上十字架的時候，那是全世界最糟糕的一天。可三天後，他復活了。所以，當我遇到不幸時，就會等待三天。然後，一切就恢復正常了。」

　　一個賣花的老人家竟把深奧的人生哲理洞悉得如此透徹，豈不發人深省。

　　一個人總是盯著事物的負面，等於將陽光關在心靈的窗外。那些苦事、累事、煩心事，難道沒有美好的一面？凡事只需換個角度，我們的生活就會充滿陽光。世界上沒有化解不了的不幸和煩惱。超越了不幸和煩惱，就能迎來幸福和愉悅。懷抱幸福和愉悅的人，用歌聲裹著淚水；懷抱不幸和煩惱的人，用淚水浸泡著歌聲。

　　永遠相信和理解生活中的美好，永遠保持充沛的活力和樂觀的情緒，快樂就會永遠圍繞著你。只要心中擁有朝陽，就能有滋有味，迎向快樂的生活。

不要讓悔恨侵蝕你的心靈

　　人生的許多煩惱通常源自自己同自己過不去。人非聖

賢，孰能無過？有了一點過錯、挫折、煩惱，就終日陷在無盡的自責、哀怨、痛悔之中難以自拔，這樣的人，其境況就會像泰戈爾所說的：「不僅錯過了正午的太陽，而且將失去夜晚的群星。」

有的人犯了點小錯，雖然沒有受到懲罰，但由於道德感過重，就自責、自貶不已，甚至於從此討厭自己，總覺得別人在責怪自己，感到羞於見人，於是深居簡出，與世隔絕。這樣一來，不僅失去了快樂的心境，更會抹灰自己的精神狀態。

人的成長是一個不斷嘗試，經歷磨煉和失誤，最終變得聰明起來的過程。每當你充滿信心，採取行動時，你永遠無法預見會有什麼樣的結果。但不論最終成功與否，這些嘗試都是可貴的。事實上，你可以從失敗的經歷中學到更多東西。所以，你沒有必要為失敗或過錯而懲罰已經知錯的自己。重要的不是悔恨的程度，而是改正的力度。

別過分苛求自己，對自己敞開同情之心。當你自責犯了某個錯誤，或辜負了自己的期望，你會在你的自我和所謂的「犯錯嫌疑人」之間豎起一道障礙。擁有了同情之心，你才能開啟寬恕的大門，才能使自己從自輕自鄙的困境中解脫出來。

人的一生中，懊悔就像慢性毒藥，在無休無止中磨滅人的意志，在不知不覺中消耗人的快樂，降低成功的機率。懊悔像蟄伏在一個人的生命長堤上看似渺小的蟻群，總有一天，他會被自己造就的薄弱點引來的巨浪所吞噬。

所以，我們要學會寬恕自己。寬恕是指寬大為懷，盡釋前嫌。由同情到寬恕，你會擁有一個開放的心靈，並開始逐步有意識地釋放自己的憤怒與不平。如果你認為過去

的行為都是錯誤的，勢必會內疚、自責。你若忙著內疚和自責，就根本無暇顧及從錯誤中汲取任何有益的東西。

當你做了某件違背自己的價值觀和道德觀的事，你的實際行動和為人準則之間就會出現一道裂縫。這時，你必須原諒自己的過失，以便修復這道裂縫，重新找回真正的自我。這並不意味著你可以不知悔恨，一錯再錯，而是說，一味地沈溺於自責、悔恨是一種不健康的心態，過分自我懲罰，只會使你越發遠離你的道德標準。

失敗是特殊的老師，寶貴的經驗，正確行事的先導。錯誤的結局，並不都只收獲廢物或惡果；有些錯誤，歪打正著，得到能夠妙用的寶貝。因此，面對錯誤，大可不必怨天尤人。要善於化錯誤為成功，從中汲取有利的資源，而不要在懊悔的淚水中虛度了人生的美好時光。

經過挫折的人最能有所作為

漫漫歲月，茫茫人海，生活之路上充滿坎坷：生活困難、高考落榜、轉職不成、升職無望、體質不佳、借貸無門、辦事受阻、無端受控等等。不管你喜不喜歡，願不願意，挫折隨時都可能倏然而來。

應該怎樣看待挫折，怎樣面對它呢？

「自古英雄多磨難。」歷史上許多仁人志士在與挫折鬥爭中，取得不凡的業績。

司馬遷在橫遭宮刑之後，發憤著書，寫出了被魯迅譽為「史家之絕唱，無韻之離騷」的名著《史記》。

音樂家貝多芬一生遭遇的挫折，難以形容。他17歲失去母親，32歲耳聾，接著又陷入失戀的痛苦。對一個音樂家來說，這打擊是多麼大啊！可貝多芬不消沈、不氣餒。他在一封信中寫道：「我要扼住命運的咽喉！它妄想使我屈服，這絕對辦不到！」他始終頑強地生活，艱難地創作，終於成為名聲長留不朽的音樂家。

　　挫折雖給人帶來痛苦，但它可以磨煉人的意志，激發人的鬥志；可以使人學會思考，調整行為，以更佳的方式實現自己的目的，成就輝煌的事業。

　　科學家貝佛里奇說：「人最出色的工作往往是在處於逆境的情況下做出的。」

　　可以說，挫折是造就人才的一種特殊環境。

　　當然，挫折並不能自發地造就人才，也不是所有經歷過挫折的人都能有所作為。

　　法國作家巴爾扎克說：「挫折就像一塊石頭，對於弱者來說是絆腳石，讓你怯步不前；而對強者來說卻是墊腳石，使他站得更高。」

　　只有抱著崇高的生活目標，樹立崇高人生理想，並自覺地在挫折中磨煉，在挫折中奮起，從挫折中追求的人，才有希望成為生活中的強者。

　　挫折是我們最挑剔的朋友，它時時刻刻都在準備同我們翻臉。但是，不管怎麼說，它最終還是我們的朋友。當我們真正接納了它並決心戰勝它的時候，就會發現，原來它也挺忠誠的。

　　挫折是一劑良藥，它有著「良藥苦口利於病」的功效。你也許遇過什麼重大的挫折，因而感到很悲傷，覺得軟弱。但這終非長久之計。這時你應該抬起頭來，向生活

挑戰。你會驚訝地發現，挫折不過如此。

　　挫折是人生道路上的基石。未曾經歷坎坷，怎能認識到坦途的平穩；沒有基石，又怎會有坦途。

　　朋友，請相信，挫折只是對意志的考驗。只要具有堅強的意志，就一定能登上成功的頂峰。

　　朋友，只有善待挫折，你才能在逆境中學會生存，才能在歷經苦難之後，闖出一番事業。

不要自暴自棄

　　一個人在生活中難免會遇到各種各樣的困難，難免遭到一些挫折或坎坷。這時，千萬不要灰心失望或自暴自棄。能夠留下堅實的足跡，走進「柳暗花明」的境界，靠的是意志和奮發。事業之舟常遇風險。能不懼驚濤駭浪，敢於在滄海橫流中一試身手，憑的是頑強拼搏的意志。

　　一個人要有所作為，不知要經受多少艱難險阻！一位偉人曾說：「自暴自棄是一條啃齧心靈的毒蛇，它吸取心靈的新鮮血液，又反過來注入厭世和絕望的毒液。」

　　自暴自棄者因害怕而逃避艱難險阻。他只願在平坦中漫步，不願在坎坷中跋涉；只願在風平浪靜下蕩舟，不願在驚濤駭浪下掌舵。成功時便陶醉，失敗時便灰心，以致逐漸由窩囊廢淪為遭世人唾棄的懶漢、賭徒、竊賊……

　　在艱難險阻之前，如果因失敗而喪失信心，放棄一個人應該具有的主體意識，任意糟蹋自己，拋棄自己，失去了人生的價值和生存的意義，生命也就自毀了。

假如你有音樂的天賦，花了10年的時間，每天聚精會神地練習，終於達到公認的音樂水平。你用你的音樂才能，賺夠了上大學的費用。你在醫學院選定了外科專業，專心學習，希望將來成為一位優秀的醫生；同時，你仍希望把音樂當成你的副業。

　　不幸，你正熱切地期待著將來的成功，忽然遇到車禍，把你的雙手撞殘了。你不能再演奏音樂，不能幫病人施行手術了，你在外科和音樂上同時失掉了用場。這時候，你該怎麼辦？

　　倘若你除了音樂的才能之外，還有天賦的演說才能，現在對於外科和音樂的事業既已絕望，於是你日夜訓練，想成為一個演說家。

　　經過幾年的訓練，你居然達到了目的，可以賺到很多錢了。突然，你又害起盲腸炎。於是你不得不住進醫院。11個月後，病雖然好了，可是你的體重減輕了1/3，必須休養幾個月才能復原。這時候，你又該怎麼辦？

　　這些困境並不是假想的，而是實在的。這是美國一位著名的社會學家的親身經歷。他在自傳中經這樣寫道：

　　「上天既賦予我音樂和演說的才能，又給了我猛獸般不屈不撓，勇往直前的精神。所以，我雖兩次落入悲慘的情境之中，卻從沒有產生過自暴自棄的念頭。自然，在這兩種境遇中，我曾感到失望，但它們最終沒有侵襲我的意志！我也承認，在我兩手變成殘廢時，我感到像一個把終身的積蓄都投資於工廠中的人，當一切都準備好，預備開廠，在和保險公司談妥了保險辦法之前，忽然半夜被人叫醒，發現我所有的東西都在夜裏被一場大火燒光了，化成了灰燼。

「但是，自暴自棄，於事無補。這當兒，小時候曾經發生過的一件事情啟發了我。幼年時，我的母親先是患了傷寒症，接著又染上肺炎，而後則傷寒、肺炎與腦膜炎併發。醫院的記錄登載了，在醫療史上，我母親所經過的昏迷狀態是為期最長者之一。

「母親一天天，一月月在這樣的狀況中度過。我每天走到她的病床前，天真地希望她能認出我。結果總是失望。她始終用一種沒有表情的眼光凝視著我。只有碰過同樣經歷的人，才能體會到我每天拖著疲乏的身子，離開母親的病床前時是多麼傷心！

「有一天晚上，父親先後請來了七位醫生，都說母親的病無望了。我睡不著。因為我是最大的孩子，所以父親容許我陪著他。將近半夜時，我們的家庭醫生走進房間來。父親站起來迎接他。醫生把手臂搭在父親的肩上，對父親說：『佛蘭西士，你還是去預備後事吧！杜莉恐怕活不到清晨了！』聽見我們的醫生親口宣布這個悲慘的消息，我痛苦得不能自持，大叫一聲，跪在父親的腳邊，抱著他的踝骨，哭了起來。我的父親立刻扶起我來，要我站起來。接著他抓住我的肩膀，叫我鎮定下來。我把頭垂在胸前，想把身子向前靠到他身上。可是，父親的右手伸到我的下頷，穩重有力地把我的頭抬起來，叫我含著眼淚的眼睛對著他的視線。他用他的大手穩定地抓住我的下頷，正視著我說：『兒子啊！這是人類不得不勇敢地站起來對付的困難之一。』

「兒童時期，父親曾多次體罰過我，讓我受足了教訓。可是我敢說，他從來沒有給我比這次更積極、更有益的教訓。在我們對母親的生命感到絕望的那夜，父親不得

不鼓起他全部的勇氣，教他的兒子昂首去應付這種不幸！

「13年後，我因為車禍，撞殘了雙手。我站在夏普勒醫生的診所裏，聽著他說：『少年人，我真為你惋惜！你再不能使用你的雙手了！』這時，我首先想到的不是多年來我為準備做個音樂家所費的那些苦心，也沒去想現在這希望會成為泡影，我的心不知不覺間回到母親病危那天夜裏的情景。我滿含熱淚，望著夏普勒醫生。這時，我的耳朵裏忽然傳來父親的聲音：『兒子啊！這是人類不得不勇敢地站起來對付的困難之一。』」

25年後，這個人成了一個著名的社會學家，到處演說，到處播音。其間，很多男女老少前來向他傾訴他們的不幸和悲傷。其中，有人說：「實在沒辦法了，我只能預備自殺了！」

這位社會學家反問他們：「難道真的沒有辦法了嗎？事實上不是沒辦法，只不過是你甘心自暴自棄罷了！」

當然，一個人可以在工作中敷衍了事，可以哭哭啼啼地詛咒自己運氣不好，也可以拒絕接受失敗、碰壁帶來的痛苦，拒絕吃一塹，長一智。可是，切莫忘了，社會上還有許多運氣不好，卻沒有自暴自棄的人。

假如你覺得你的運氣比別人糟，人生沒有什麼價值，那麼，你可以和一位名叫珍妮‧佳茜蒂的小姑娘比一比。她年紀很小的時候就患了脊椎病，痛苦不堪。即使只是搬動她，也會使她因痛苦而暈厥多次。有時候，她痛苦得難以忍受，甚至失去了知覺。但是，即使處在這樣可憐的境地，她也不願和人類社會隔絕。所以，她的母親每天總要讀些報上的時事給她聽，尤其是本市新聞。

有一天，她的母親讀了一篇評論，其中談到許多關於

女人遭遇不幸的情形。譬如夏天時不得不在工廠裏工作10個小時以上，所得的報酬還不能糊口之類。

聽到這篇文章之後，珍妮竟忘記了自己的痛苦，對母親說：「媽！你曉得我想要怎麼做嗎？我不能像別人一樣享受生活的幸福，可我得做點事。我想在鄉間找個地方，讓那些疲乏不堪的女子能夠到那裏休息兩、三個星期，同時還能領到工錢！」

珍妮的意願，母親從來沒有違背過。這年夏季，在附近一個風景美麗的鄉間，設立了「珍妮·佳茜蒂夏令營」。第一年因為房屋有限，去的人不多。到了第二年，又加添了許多宿舍，就有幾千個婦女能夠暫時離開工廠，去享受兩星期的天堂生活。

這個女孩，雖然自己命運極度坎坷，但她沒有因此自暴自棄；自己雖然遭受了極大的痛苦，卻還能夠替其他受苦的人設想。

第三年夏季，珍妮因為聽到許多她的夏令營中發生的趣事，也接到那些被社會所遺棄的婦女寄來的許多表達感謝的信，於是她對她的母親說：「媽媽，我得去看看我的夏令營。」

她的母親和醫生都勸阻她，因為長距離的旅行，她會遭到極大的痛苦。但她還是決定要去。

當地報紙的編輯，對於珍妮替城中被壓迫的婦女所做的事，已經發表過許多讚美的文字，現在一聽到她要去「夏令營」的消息，就在第一版用很大的篇幅登載出來，稱頌她的勇氣和讚揚她的精神。

電車公司的經理看到報紙後，就去拜訪她，說是願意替珍妮特備一輛電車，從離家最近的電車站，把她送到火

車站。而鐵路公司也願意準備一節專列，送她到夏令營所在的小站。還有四位青年自告奮勇，願意抬她，沿途照料她，以減少她路上的痛苦。

她就這樣旅行到她的目的地。

這次訪問，雖然使她大為快樂，她的身體卻吃不消了。結果，她回家後不久，就告別了人間。

珍妮出喪時，出現了萬人空巷的場面，成群結隊的人跟在她的靈柩後面，一直將她的遺體送到美麗的山穴墓地。現在，珍妮‧佳茜蒂夏令營還存在著，成為小珍妮的永世紀念碑。那是一個極有理由自暴自棄而不甘自暴自棄的女子的紀念碑啊！

珍妮雖是一個殘廢者，但她沒有自暴自棄。相反，她十分珍視自己，不願錯過服務社會的機會。難怪她能成就那麼偉大的事功！

希望看到這個小故事的自暴自棄者能重新點燃起新生的火種。別人能做的事，你也一定能做到！不論在何種境遇中，你都必須珍視自己，不要自暴自棄！

不要被一時的失敗擊倒

很多人整天抱怨自己條件比別人差，運氣沒有別人好，沒能出生在好的家庭……其實，這些都不足以限制你成為一個成功的人。主要還在於你的想法。是你把自己限制在一個小圈子裏。成功和失敗之間本沒有不可逾越的鴻溝。只要你夠堅韌，失敗並不可怕。

一夜間，一場雷電引發的山火燒毀了美麗的「森林莊園」。剛剛從祖父那裏繼承了這座莊園的保羅·迪克陷入一籌莫展的境地。他經受不住打擊，閉門不出，茶飯不思，眼睛熬出了血絲。

一個多月過去了，年已古稀的外祖母意味深長地對他說：「小夥子，莊園成了廢墟並不可怕，可怕的是你的眼睛失去了光澤，一天天老去。一雙老去的眼睛，怎麼看得見希望……」

保羅在外祖母的勸說下，一個人走出了莊園。他沒有目標地在街上閒逛。在一條街道的拐彎處，他看到一家店鋪門前人頭攢動。原來是許多家庭主婦正在排隊購買木炭。那一塊塊躺在紙箱裏的木炭讓保羅的眼睛忽然一亮。他看到了希望。

接下來兩個星期，保羅雇了幾名燒炭工，將莊園裏燒焦的樹木加工成優質的木炭，送到集市上的木炭經銷店。結果，木炭被搶購一空。他因此得到一筆不菲的收入。他用這筆收入購買了一大批新樹苗。一座新的莊園立下地基……幾年後，「森林莊園」再度綠意盎然。

請記住：別讓你的眼睛老去，以免心靈隨之荒蕪。當意外的苦難向我們襲來，當我們被憂愁壓得無法喘息，不要懼怕，伸出手，撥開心頭上的那團雲翳，像撥開水面上的一塊塊浮冰。這時候，天上的太陽自然無比光亮地照進我們的心田。

每一個人頭腦中都應該充滿積極和勇敢，絕不讓挫折將自己擊倒。對我們而言，挫折不過是人生的一個組成部分，是攀登高峰時必須經歷的有益訓練。

走向失敗的人，每逢挫折，總是武斷地認為：「我是

個百無一用的廢物！」他不去積極開啟就在眼前的一扇新的窗子，結果錯失了良機。所以說，走向失敗的人，其實是因為喪失了一個又一個機會，故而他的人生之路顯得艱難而殘酷。

彼得‧丹尼爾小學四年級時，常遭班主任菲利浦太太責罵：「彼得，你功課不好，腦袋不行，將來別想有什麼出息！」

直到26歲，彼得仍大字識不了幾個。

有一次，一個朋友念了一篇《思考才能致富》的文章給他聽。彼得深受震動。此後他變了一個人。

後來，他買下他當年打架鬧事的街道，並且出了一本書，書名叫《菲利浦太太，你錯了》。

發表《進化論》的達爾文當年決定放棄行醫時，遭到父親的斥責：「你放著正經事不幹，整天只管打獵、捉耗子，將來怎麼辦？」

在自傳中，達有文透露：「小時候，所有的老師和長輩都認為我資質平庸。在周遭眾人眼裏，我與聰明簡直沾不上邊。」

羅丹的父親曾抱怨自己生了個白癡兒子。在眾人眼中，他也是個前途無「亮」的學生，藝術學院考了三次還考不進去。他的叔叔也絕望地說：「孺子不可教也。」最後，羅丹卻憑著堅持不懈的努力，成為著名的雕刻家。

著名科學家愛因斯坦四歲才會說話，七歲才會認字。老師給他的評語是：「反應遲鈍，思維不合理，滿腦子不切實際的幻想。」他曾遭到退學的命運，在申請瑞士聯邦技術學院時也被拒絕。而他死後，許多科學家都在研究他的大腦與常人的不同之處。

在生活的道路上，有燦爛，也有陰雲密布。有些人的心靈很脆弱，偶然的風吹雨淋，就會使他們覺得碰上了世界末日。殊不知，當他們在風雨搖曳中穩穩站定，看到的陽光依舊是那樣燦爛，每一天依舊充滿希望。

因此，當你得到別人給你的「低度評估」時，你應該證明給他看：「你錯了！」暫時的低落並不能說明什麼，將來總有一天，你會大鵬展翅，擊水三千里。

人生的競賽不亞於一場馬拉松賽跑，長跑中，最關鍵的是耐力。那些躋身第一輪的起跑者，不一定是最先到達終點的人。

海明威過：「一個人可以被擊敗，但不能被戰勝。」他還有一句名言：「一個人必須是這世界上最堅固的島嶼，然後才能成為大陸的一部分。」

只要我們夠堅強，即便失敗一千次，還可以在第一千零一次爬起來。最後，成功一定非我們莫屬。

PART 8

第八章 做人不必在乎犯錯

別讓過失成爲你心中的陰影

著名的散文家劉墉在一篇名爲《庸醫與華陀》的文章裏，講述了一則足以讓人的心靈震顫的故事：

一個行醫數十年的婦科名醫出診時犯了錯誤，誤把一個孕婦子宮裏的胎兒當成腫瘤，並要求病人馬上動手術，以防擴散。病人十分害怕，也十分感激這個名醫及早發現了隱藏在她身上的這枚「炸彈」。

手術很快安排就緒，手術室裏所有器材都是最新的。對這位已做過上千次手術的醫生而言，只須切開一個小小的口，就可取出病人腹中的瘤體，使病人永絕後患。

醫生打開病人的腹部，向子宮深入觀察，準備下刀。他有把握將腫瘤一次切除。

但是，他突然全身一震，刀子停在半空中，豆大的汗珠冒上額頭。

他看到了令他難以置信的事，一件他行醫數十年間不曾遭遇的事。

子宮裏長的不是腫瘤，卻是個胎兒。

他心中矛盾不已，陷入掙扎。

如果下刀，硬把胎兒拿掉，然後告訴病人，摘除的是腫瘤，病人一定會感激得讚揚他恩同再造，而且可以確定，那所謂的瘤一定不會復發，他說不定還能得個「華陀再世」的金匾！相反，他也可以把肚子縫上，告訴病人，看了幾十年的病，他居然看走了眼。

這不過幾秒鐘的掙扎，已經使他渾身濕透。他小心地把病人的肚皮縫合之後，回到辦公室，靜待病人蘇醒。

不久，醫生走到病人床前。他嚴肅的神情，使病人和四周的親屬都手腳冰冷，等待癌症末期的宣判。

「對不起，夫人！我居然看錯了！你只是懷孕，沒有長瘤。」醫生深深地致歉：「所幸及時發現，孩子安好，一定能生下一個可愛的小寶寶。」

病人和家屬全呆住了。隔了十幾秒鐘，病人的丈夫突然衝過去，抓住醫生的領子，吼道：「你這個庸醫，我饒不了你！」

後來，孩子果然安產，而且發育正常。

但是，病人家屬堅持提出告訴，醫生差點因此破產。最大的傷害是名譽的損失。

有朋友笑他，為什麼不將錯就錯？就算說那是個畸形的死胎，又有誰能知道？

「老天知道！」醫生只是淡淡一笑。

我很敬佩這位醫生的勇氣。在名譽與良心的天平上，他傾向了後者；在通往眾人景仰的聖殿與萬人唾棄甚至牢獄之災的路上，他選擇了後者。這需要多麼大的勇氣啊！

劉墉接下來評論道：「為自己的名譽而去拼命的人，算不得大勇。不顧自己的名譽而去維護真理的人，才是真正的勇者。」

我再替他補上一句：只有選擇維護真理，撫慰良心的人，才能贏得內心無愧、開心快樂的人生。

做錯事時，最怕的便是否認自己做過。

做錯事並不可恥，因為只要是人，就可能做錯事。否認自己的行為，不但是人格的缺失，也是令自己無法更進

一步的障礙。

有一種美麗叫「錯誤」

人一生所可能犯的最大錯誤，是因為怕犯錯而不敢有所嘗試。

有個新婚妻子幽幽地向丈夫抱怨：「你真幸運，你所得到的是純潔的愛情，享有我的初戀！我卻未曾談過戀愛。希望你珍惜我的純潔。」

那丈夫很有智慧地安慰她：「你真有福，所得到的是成熟的愛情，享有我的終戀。我若未曾談過戀愛，哪有今天的成熟！希望你珍惜我的成熟。」

戀愛談一次就成功，聯考一次就上榜，生意做一次就賺錢，道理聽一次就相信，開車學一次就上路，論文寫一次就通過，天才！天才？

對不起，你的人生少了一樣調味品：你從未嘗過進步的快樂、成長的喜悅。

射箭射斜了，拼字拼錯了，講話講溜了，走路走歪了，戀愛戀吹了，那是很平常的事。

勇士有時懼怕，智者有時愚拙，專家有時出醜，辯士有時舌結。本來就是這樣。

看見某人犯錯，不必苛責！因為這平常得很。發現自己犯了錯，不必生悶氣。因為這是人生必經的過程。

贏家把錯誤看成是「最好的老師」。要緊的是，從錯誤中吸取寶貴的教訓。

所以，別害怕犯錯。因為只有一種人從不犯錯：從不嘗試的人。

從不犯錯的人，做不出什麼事。

人都會犯錯，但只有傻瓜才會不斷地犯同樣的錯誤。

一錯再錯，另闢蹊徑

「一錯再錯」，有所領悟之後，就不要重蹈覆轍，而應另闢蹊徑。

筆者的朋友廣森闖了大半輩子江湖，終於做了一筆好生意。一天，一位年輕的女顧客到他經營的一家商場閒逛。突然，她的眼裏迸發出興奮的光芒。她原本不想買東西，這時立刻喊來售貨小姐，說她要買一架德國製造的正宗名牌貨——斯坦威三角鋼琴。

售貨小姐看了看貨品的價牌，竟然不敢賣。女顧客毫不相讓。售貨小姐請來了分銷主管。分銷主管瞭解了緣由後也婉謝不賣。值班經理出面斡旋，亦無能為力。最後廣森親自出場，瞭解了事情的原委後當場定奪：賣！按標價賣！而且送貨上門，免費調音，直到顧客滿意為止。

原來那架價值數千美元的名牌鋼琴，標價偏偏少了一個零！這顯然是製作標價牌的工作人員粗心大意所致。

消息傳出，商店裏的鋼琴及其它貨物被購買一空……

標價錯了，然而廣森「一錯再錯」，以最低「價格」做了一次最好的廣告。

廣森清醒而敏銳地意識到，在這種情況下，如果竭力

去挽回眼前的錯誤，不只會失去眼前的顧客，也會失去商店的「賣方」信用。不能懷揣「信用之光」，在這競爭激烈的商界中，就會自我扼殺興隆的前景。而「一錯再錯」，使他嘗到了以芝麻換西瓜的欣喜。

是的，錯誤是一種損失，但同時又是一種機遇，「一錯再錯」，可能帶來意外甚至超常的收穫。

「一錯再錯」，不是錯誤的重疊，而是「錯」質的推移變化；正如「真理再跨出一步，便是謬誤」一樣，是一個逆向的格言。然而，在我們的生活中，每時每刻都有一些錯在我們身邊發生。對此，有的人驚慌失措，有的人寢食不安……究竟有幾人能意識到這「錯」中所潛藏的輝煌與成就？又有哪個能安「錯」若素，竭心盡志，跨越「山窮水盡」的絕境，開闢出一片「柳暗花明」的天地？

廣森經歷過多次這樣的錯誤，總結出這樣的行事準則：不會水的你，不幸坐到漏船中，那就跳下水。你肯定能學到頂尖的游水之技。當你出了錯，千萬不要著慌，要首先定下心分析錯誤的性質。若傷害了他人或社會，那就承認你的錯誤，設法彌補和爭取他人的寬恕。仔細權衡一下你的「出錯」成本與「錯誤」背後能夠給你帶來的潛在利益孰高孰低。若划算，不妨「一錯再錯」，讓「錯誤」跨過與真理的交界點，走向正確！

對待錯誤的態度顯示人格

人都會犯錯。犯了錯，對待錯誤的態度，通常能顯示

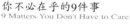

一個人的品格。

在法國著名的思想家、文學家盧梭的《懺悔錄》中，記載了這樣一件事：

盧梭小時候家裏很窮，為求生計，只好到一個伯爵家去當小傭人。伯爵家的一個侍女有一條漂亮的小絲帶，很討人喜愛。一天，盧梭趁沒人的時候，從侍女床頭拿走小絲帶，跑到院裏玩賞起來。

這時候，有個僕人從他身後走過，發現他手中的小絲帶，立刻報告了伯爵。伯爵大為惱火，把盧梭叫來，厲聲追問。

盧梭緊張極了，心想：如果承認絲帶是自己拿的，他一定會被辭退。以後再找工作，可就難了。他結巴了好一會，最後竟撒了個謊，說絲帶是小廚娘瑪麗偷來給他的。

伯爵半信半疑，立刻叫瑪麗過來對質。

善良、老實的小瑪麗一聽這事，腦瓜子頓時蒙了，一邊流淚，一邊說：「不是我，決不是我！」

可盧梭呢？他死死地咬住瑪麗，而且把事情的所謂「經過」編造得有鼻有眼。

這下子，伯爵更火了，索性將盧梭和瑪麗兩人同時辭退了。

當兩人離開伯爵家時，一位長者意味深長地說：「你們之中必有一個是無辜的，那個說謊的人一定會受到良心的譴責！」

果然，這件事給盧梭帶來終身的痛苦。40年後，他在自傳《懺悔錄》中坦白承認：

「這種沈重的負擔一直壓在我的良心上，促使我決心撰寫這部懺悔錄。

「這種殘酷的回憶，常常使我苦惱。在我苦惱得睡不著的時候，便看到那個可憐的姑娘現身譴責我的罪行。」

真誠的歉意使一切過失顯得微不足道

生活中，不犯過的人幾乎沒有。有了過失並不可怕，可怕的是犯了過失後不致歉，不做補救。殊不知，犯了過失之後，真誠地表達歉意，並盡力做出彌補，過失就會變得微不足道。相關的人會記住你的真誠而忘掉你的過失。

飛機起飛前，一位乘客請求空姐幫他倒一杯水，他要服藥。

空姐很有禮貌地說：「先生，為了您的安全，請稍等片刻。等飛機進入平穩飛行後，我會立刻把水給您送過來，好嗎？」

15分鐘後，飛機進入平穩飛行的狀態。突然，乘客服務鈴急促地響了起來。空姐猛然意識到：糟了！由於太忙，她忘記給那位乘客倒水了！當她來到客艙，看見按響服務鈴的果然是剛才那位乘客。她小心翼翼地把水送到那位乘客跟前，面帶微笑地說：「先生，實在對不起！由於我的疏忽，延誤了您吃藥的時間，我感到非常抱歉。」

這位乘客抬起左手，指著手錶說道：「怎麼回事？有你這樣服務的嗎？你看看，都過了多久啦？」

空姐手裏端著水杯，心裏感到有些委屈。但是，無論她怎樣解釋，這位挑剔的乘客都不肯原諒她的疏忽。

接下來的飛行途中，為了補償自己的過失，每次去客

艙為乘客服務時，這位空姐都會特意走到那位乘客面前，面帶微笑，詢問他是否需要水，或者別的什麼幫助。然而，那位乘客餘怒未消，擺出冷冷的面孔，不理會她。

到達目的地前，那位乘客要求空姐把留言本給他送過去。很顯然，他要投訴。此時空姐心裏雖然很委屈，但仍然不失職業道德，非常有禮貌，面帶微笑地說：「先生，請允許我再次向您表達真誠的歉意！無論您提出什麼意見，我都將欣然接受您的批評！」

那位乘客臉色變了，想說些什麼，卻沒有開口。他接過留言本，開始在本子上寫起來。

等到飛機安全降落，所有的乘客陸續離開後，空姐這才打開留言本。她本以為這下完了。沒想到，她驚奇地發現，那位乘客在本子上寫的並不是投訴，反倒是一封熱情洋溢的表揚。

在留言中，空姐讀到這樣的一段話：「在整個過程中，你表現出的真誠歉意，特別是你的12次微笑，深深打動了我，使我最終決定將投訴改成表揚！你的服務質量很高。下次如果有機會，我還將乘坐你們的航班！」

為人處世，不要只看眼前

站得最高，看得最遠的人，必然不會關注眼前無關緊要的事物。因為他眼前是一望無際的大海。為人處世也一樣，不要只看眼前，錯過了長遠。

傳說以前有一位印第安酋長，慣於用比賽考驗部落中

的年輕人。有一次，他選出四位傑出的青年，對他們說：「我要你們去爬山，爬到自己氣力能耐的極點，然後從山上取來一樣東西做證物。」

翌日清晨，四位強壯的印第安青年同時出發上山。半天過後，第一位歸來的，手握針樅一枝，顯示他爬到的高度。第二位帶回一小枝松木。過不久，第三位抱著一種生長於高山的灌木報到。

踏著皎潔的月色，第四位終於踉蹌而歸。他顯然已精疲力竭，雙腳被尖石割得傷痕累累。

「你帶了什麼回來？爬到多高？」酋長問道。

「我到達的地方，沒有針樅，也沒有松木可供遮蔭，沒有沿路的花兒可以驅逐長途跋涉的疲勞，只有石頭、山嶺和荒野。我的腳受傷，破了皮，渾身疲憊不堪，而且很晚才回來。但是……」年輕的戰士雙眼發亮起來，「我見到了大海！」

PART 9

第九章
做人不必在乎愛情受挫

不要報復負心人

一個人失戀了或是愛人背叛了自己，內心必定會覺得萬分苦悶、煩惱和痛苦。他會覺得心灰意冷，感情無所寄託。為了向另一方發洩心中的怨恨，他可能喪失了理智，陷入絕望、瘋狂的深淵，意圖「以眼還眼，以牙還牙」。於是悲劇發生了。

其實，最明智的「報復」就是向對方展示你美好的人品，提升自己。

海爾曼博士是一位性格倔強，醫術高超、醫德高尚的大夫，在布拉沙市沒有人不知道他和他的診所。

有一天，一個女人護送一位車禍中受重傷的人來到診所。海爾曼看到來人，猛地一愣：是她？她是他的前妻。當年，為了另一個男人，她拋棄了他。歲月流逝，她風韻猶存。再見到她，他發現自己心中的創傷依然那麼疼痛。

她淚流滿面地說：「海爾曼，親愛的海爾曼，你還恨我嗎？……為了拯救他的生命，我不得不來求你。你是全市唯一能幫他動手術的人。」

受重傷的人叫列夫斯基，是她現在的丈夫。就是他當年從海爾曼手裏奪走了她。

「親愛的海爾曼，我和他都對不起你。可是我們遭了難……但願你的手術刀不帶往日的仇恨。」

海爾曼始終一言未發。手術前一刻，一直處於昏迷狀態的列夫斯基突然清醒過來。看到拿著手術刀的是海爾

曼，他非常震驚，連忙掙扎著要坐起來。

「老實躺好！你是我永遠難以寬恕的情敵，但此刻你是我必須搶救的患者。」

這個修補顱骨的手術一直進行了十多個小時。手術剛做完，海爾曼就暈倒在手術枱旁。

列夫斯基傷好之後，和妻子羞愧地對海爾曼說：「如果您不嫌棄，我們願意為服侍您而獻出餘生。」

海爾曼說：「醫生在手術室裏記住的只是他的天職，個人恩怨只能擺在一邊。」

用寬恕去報復負心人，效果更好。

有一種極不聰明的報復方式，就是感情受傷後，立刻接受另一個異性的愛。儘管自己並不愛對方，為了報復負心人，想借助他，以其人之道還治其人之身。然而，這種報復傷害不到你所仇恨的那個人，因為他的心早已離你而去，你的一切，他都漠不關心，在他眼裏，你已成了陌路人。所以，最後受傷的只是你自己……不！還多了一個無辜的受害者——那個被你拉來墊背的人。

眾所周知，戀愛中的戀舊心理既是難以擺脫的情感印記，也是人心中的一種束縛。人有權選擇愛與不愛。但是，如果在沒有調整好自己的心態之前，拉著另一個人，和自己一起背負自己的情感重負，是對這個人的不尊重，極為自私。

況且，那個異性被你呼之而來，只因他深愛你；但是，你很難揮之即去，因為他來的時候分明看到了機會，很容易就此深陷進去。在他愛意正濃的時候，你絕情離去，難免令他瘋狂，甚至由愛生恨，採取一些極端的報復手段，或傷害你或自傷——萬一到了那一步，你輸的就不

僅是愛情了。

　　再有一種報復就是以自殺相威脅，迫使負心人無法離你而去。短時間內，這一招可能很靈，他會留下來，向你解釋，承認錯誤，甚至他會表示不再離開你。可是，只要你夠冷靜，你會明白，他這樣屈從，只是出於害怕，而不是出於對感情的承諾。

　　隨著時間的推移，你的威脅讓他越來越感到猶豫不決。他害怕你會做出什麼過激的行為。這種害怕，會帶給他一種壓迫感，他會越發覺得，和別人在一起，更輕鬆、更快樂。這樣，他的心會離你更遠，你在他心目中，可能連陌生人都不如，甚至成為一個無法擺脫的陰影。

　　愛情，要嘛成功，要嘛失敗。兩個人經過一段時間的瞭解和接觸，覺得彼此有很多不合適的地方，於是有一方想結束這段戀情或是想走出圍城，因此感情會慢慢冷下來，甚至會愛上別人。這是經常發生的，事屬正常。但是，對還想留住這段感情的一方來說，這無疑是一個最沈重的打擊，心靈上一定會遭受巨大的痛苦與折磨。

　　你是否明白，沒有愛的婚姻怎會幸福？沒有愛的家庭怎會溫暖？曾經愛你的人不愛你了，對你來說，並不是一件多麼恥辱的事。相反，你應該感謝對方使你更瞭解人生。那個人不愛你、欺騙你、背叛你，都不重要了，重要的是，不管你心裏對他有多麼不捨，你都要始終保持自己的尊嚴，不要卑躬屈膝，也不要歇斯底里，要保持一種自尊自立的姿態。這樣才是更有意義的報復。如果你怒不可遏或一蹶不振，只會被對方看扁。

　　失去愛情後，對負心人最好的報復就是：「你看不起我，我就闖出個樣子給你看看。」這種心理會產生積極的

反應，驅使你把時間和精力投入生活的更大範圍。如在事業中創造成就，以事業的成功讓對方後悔，從而「報復」了對方對你的「小看」。

有志氣的失戀者會在失戀後創造出輝煌的成就。像歌德、貝多芬、居里夫人、牛頓等歷史上的名人，都曾在飽嘗愛的痛苦之後，取得引人注目的成績。

如果失戀者都能把精力投入事業，在事業中創造一番成就，不僅對社會有利，也能使他自己的「我」得到更新，以新的「我」出現。在新的愛情和事業中，用奮鬥更新自我，就可以擺脫失戀的痛苦，使「我」得到昇華。

失戀是人生應當經歷的過程

人的一生，最可怕的不是失去已經擁有的東西，而是失去夢想。愛情如果只是一個過程，那麼失戀正是每個人都應當經歷的。雖說誰也不願把悲痛留給自己，但請記住，下一個他（她）可能更適合你。

有一個女孩子，原來生性保守，卻因一時衝動，和男朋友發生關係。她惱怒、悔恨，卻又安慰自己：「沒關係，他是愛我的！」

後來，因為他的男朋友對她太糟了，她天天找人訴苦。但她又不願離開他。

妹妹苦苦勸她：「別再傻了，快離開他吧！別再和自己過不去。」

她說：「不可以！他是我的第一個男人！」

現在，她仍然和她的男朋友在一起，仍然經常流著眼淚找人訴苦，然後安慰自己：「他知道我是真心愛他！」

也許她所要的就只是自我安慰而已。她常常勸愛情不如意的朋友與另一方分手：「別傻了！快離開那個男人，別再白白受苦！」這麼常勸別人的人，最後卻勸不了自己，終究只能令自己受苦。

為什麼有些人失戀時悲痛欲絕，甚至踏上自毀之路？為什麼有些戀人在遭遇挫折，不能永遠在一起時，會出現雙雙殉情的行為？

愛情對某些人來說，是生命的一部分，是一種人生的經歷，有順境，也有逆境，有歡笑也有悲哀。所以，和一個人相愛時，他會覺得快樂，覺得幸福。一旦分手，或者遇上障礙，他會自我安慰：「這是難以避免的，合久必分嗎……也許前面有更好、更適合我的人哩！」於是，他們勇敢地淡他自己一度失落的情緒，重新發展另一段感情。

還有一些人，覺得一生中最愛的就是某個人，不相信世界上另有更完美、更值得他們去愛的人。所以，當這段戀情有變，他們就會失去所有的希望，從此懷疑自己的命運，失去自信心，以為對方不愛自己，就等於自己不值得被人所愛。如此，他們就可能走向極端和消極，也可能選擇自殺的路途。

殊不知，現實人生，幾乎沒有人像電影小說或流行歌曲中所形容的那樣，戀愛中充滿浪漫，雖中間經受波折，最後終究有情人成了眷屬，永遠不分開。許多人雖經歷過無數失敗、挫折，仍不能找到一個可以長相廝守的人。

不過，當你失戀時，你還是應該告訴自己：「還有下一次，何必計較呢！」

無論你這次跌得多痛，也要鼓勵自己，堅強起來，重拾那破碎的心，等待你的「下一次」。

如何與戀人重歸於好

戀人之間吵架是常有的事。吵架之後，不管原因是什麼，責任在哪一方，只要有一方主動道歉，一般來講，矛盾便可以解決。所以，大度些，不要斤斤計較究竟是誰的過錯，謙遜地低頭吧！

和O型的戀人吵了嘴，只要向他道歉，不用再做其它什麼承諾，便可重歸於好。

但不能用同樣的方式要求固執的人，因為固執的人話一出口就決不改口，聽不進別人的意見。所以，想要叫固執的人向對手、特別是地位相等的對手道歉，非但不會奏效，反而可能造成更大的衝突。如果非要固執的人道歉，就得等他把一切都忘了或氣消了的時候。

有一次，一個藝術家和與他搭檔的演員為了一句無關緊要的臺詞吵了起來。藝術家死不讓步。

那演員莊重地說：「只要你道歉，我就原諒你。」

可是，藝術家說什麼也不道歉。

眼看表演就要開始，那演員最後竟伸出雙手，扶著藝術家的肩膀，聲音中滿含著感情地說：「我懇求你，道個歉吧！這樣我就原諒你了！」他兩眼含淚，似乎在演一場極富藝術性的悲劇。

最後，藝術家仍然沒有道歉。

像這樣要求某一方道歉，爭取重歸於好，顯然是難以奏效的。即使暫時修好，日後也必有隱患。

在某些情況下，不管你如何努力，也無法彌補與某人的差距或挽回他的心，此時就要果斷地放棄修好的意圖。下列一些表現，也許能夠使你痛下決心：

(1) 你覺得自己常常小心翼翼，儘量避免觸怒或冒犯另一方。

(2) 你覺得你的伴侶不是很尊重你。

(3) 你上班時與同事在一起，較之跟伴侶相對時，表現得更有信心。

(4) 你不習慣於向伴侶提出批評。

(5) 你覺得很難向伴侶啟齒，說出自己真正希望得到和需要什麼。有時你會懷疑自己是否「需要」過什麼，卻又缺乏安全感。

(6) 你覺得伴侶待你不及你待他那般細心、體貼。

(7) 你覺得必須「努力」令伴侶明白你也有權擁有愛、恨、平等和自由。

(8) 你常為伴侶的行為或自己的生活狀況，向自己的朋友申辯或編造藉口。

(9) 你憤恨自己在異性面前表現得很怯懦。你屢次發誓不再重蹈覆轍，卻仍甘心接受不公平的待遇。

對於女性，彌補的辦法就是努力維護自己的尊嚴。雙方爭吵之後，別以對他加倍愛護做出補償；當他破口大罵的時候，別退縮，別為惹他生氣而賠不是。

男性呢？可以寫下你在哪些方面表現得像個愛情殉道者，有助於你改變這類行為，維持你認為在對方面前應當表現的尊嚴及應該避免的錯誤態度。

不要苛求愛情的浪漫

　　無論是對愛情還是婚姻，每個人都盼望幸福，期待浪漫。幸福的婚姻讓人陶醉，浪漫的生活更具光彩。尤其是對女人來說，更是對浪漫充滿嚮往：他偷偷留在餐桌上一張稱讚你的廚藝的紙條，手機上發來的一句不經意的問候，時不時奉上的一束玫瑰，還有他不計時間、場合的偷吻，甚至在最缺錢的時候，還帶自己去最好的飯店飽餐一頓，然後帶著浪漫，一貧如洗地回家……

　　女人喜歡浪漫，浪漫偏偏充滿波折。迷失在浪漫中的女人，為了保持那種心跳的感覺，只有不停地向她們的男友或老公提出要求。這些要求達不到時，她們就會覺得很痛苦；即使得到了，也不滿足。浪漫的女人就在一段段虛假的驚喜中延續著自己浪漫的夢想。在感情世界中，浪漫的女人經常為情所苦。

　　男人們整天在外打拼，心力交瘁。女人卻為了那虛無飄渺的浪漫而怪罪男人，結果是越怪罪，離浪漫越遠，最終窩了一肚子氣，慘澹收場。

　　聰明的女人不會這樣。她們懂得浪漫的真諦，懂得在平凡、簡單的生活中去追尋浪漫的蛛絲馬跡。哪怕只是一個溫柔的眼神、一次簡單的牽手、一聲再自然不過的讚美，都會讓她們感到心滿意足。

　　其實，浪漫沒有界線，相同的是一種感覺。只要感覺到位，又何必去苦苦尋求難以企及的驚喜。

浪漫不等於不切實際，更不等於天真幼稚。沒有了幸福，不會有長久的浪漫，而短暫的浪漫只是字面意義上幼稚的幻象。如果一個人一味地在真空中追求浪漫。那麼，很殘酷的事實就是──你還沒有長大，還沒有承受一份愛情的能力，不適合談愛情。

只有學會抓住幸福，才有可能享受浪漫。浪漫是看得見、抓得著的，絕不是虛無飄渺的，它就在生活的點點滴滴中。只有用心生活，才能得到幸福，才有浪漫。

露西的丈夫馬丁‧路恩是搞理工的。當初露西愛上他，是因為覺得他很穩重，靠在他的肩上有一種溫暖、踏實的感覺。可是，婚後不久，她就厭倦了。當初的感覺成了今天厭倦的根源：露西是個感性的女人，渴望浪漫，渴望激情；而馬丁天性不解風情，回家後往床上一倒就能睡著，從不講甜言蜜語。

有時，露西有點頭疼腦熱的，馬丁也察覺不到。露西覺得丈夫對自己不聞不問，冷漠至極，於是越來越感到不滿。終於有一天，她忍無可忍，提出了離婚的要求。

不知所措的馬丁驚愕地問她：「為什麼？」

她平靜地說：「倦了。」

整整一個晚上，馬丁都窩在沙發裏，只抽菸不說話。露西的心越來越涼：連挽留都不會表達的男人，能對自己有多深的愛？

菸灰缸滿了，馬丁眼睛裏布滿血絲，吐出一口煙，沈沈地問道：「怎樣做，才可以改變你的決定？」

看著他，露西緩緩地說：「只要你回答一個問題，令我滿意就行了。比如我非常喜歡懸崖上的一朵花，而你去摘的結果是百分之百必死，你會不會摘給我？」

他沈吟了很久，終於說：「明天早晨，我再告訴你答案。」

那晚，他睡在書房。早晨醒來之後，她披著衣服到客廳時，他已不在，溫熱的牛奶杯子下壓著一張紙，上面有他娟秀有力的筆跡。

看到第一行時，她的心就涼透了：「老婆，我不會去摘⋯⋯」但她還是繼續看下去。

「但請容許我陳述不去摘的理由。你只會用電腦打字，卻總把程式弄得一塌糊塗，然後對著鍵盤哭，我要留著手指為你整理程式；你出門時總是忘記帶鑰匙，我要留著雙腳，跑回來為你開門；你酷愛旅遊，在自己的城市卻常常迷路，我要留著眼睛，為你帶路；你不愛出門，擔心你患上自閉症，我要留著嘴巴陪你說話；你總是盯著電腦，健康已經磨損了一部分，我要和你一起慢慢變老，為你修剪指甲，幫你拔掉讓你懊惱的白髮，拉著你的手，在海邊享受陽光和沙灘。

「最後一個理由，我堅信沒有一朵花能像你的面孔那麼美麗。所以，我不捨得為摘一朵花而死掉。在我不能確定有人比我更愛你以前⋯⋯」

她的淚水慢慢湧了出來，模糊了視線。抹淨了淚，她繼續往下看。是早晨新添的一段話：

「這幾天太忙太累，都沒注意到你感冒了。昨晚睡得晚，才聽到你在咳嗽，很心疼。牛奶喝了，旁邊的藥按時服用。工作重要，老婆的身體更重要。今天我會準時回家，帶回你愛吃的牛排。」

對著這張紙，她含著淚，忍不住笑了。

就女人而言，只有當她們忘卻了浪漫，真正的浪漫才

會降臨在她們頭上，讓她們幸福而快樂地生活，否則她們就只能悲傷難過、怨天尤人。

很多人有這樣的經驗：剛談情說愛的那一陣子，約會時，要求他提前到達；下雨時，希望他拿一把傘出現在公司門口；生日時，對他的態度更是在意。然而，一旦真正相愛，這一切好像都可有可無了。

不知是誰說過：愛，很簡單，有時就像是倒一杯水。

愛確實具有簡潔的內涵。只要有愛存在，誰會計較外在的東西？那些把愛搞得異常隆重的人，一定是還沒有與另一方真心相愛。

有些女人受過一定的教育，喜歡讀文學作品，對浪漫的渴求就如同兒童對巧克力的迷戀。她們容易被感情所支配，愛上一個人，對感情的要求特別高。倘若婚姻中的愛情與她們的理想有了差距，她們會很容易陷入失望的深淵，內心產生新的幻想。因此，她們常常會遇到一段「新」的愛情。可惜，這「新」的愛情不但不能帶給她們幸福，反而常常使她們掉入婚外戀的泥潭中無法自拔。

面對枯燥的生活，儘管浪漫是最好的味精，但畢竟不能吃得太多。你喜歡一個浪漫的人，可是現實生活談不上浪漫。你所愛的那個浪漫的人，到了現實生活裏，不能繼續浪漫了，你會失望，失望到你以為他在欺騙你。如果你所愛的那個浪漫的人在生活裏繼續浪漫下去，那你就得把生活裏所有不浪漫的事都擔待下來，因為他不會戴上圍裙去刷鍋洗碗，也不會去市場討價還價，買回所需的菜和米。那樣，你豈不是更累、更煩？

一個走進婚姻的女人，需要的不是動聽的情話，不是假意的浪漫，而是丈夫溫暖的懷抱。丈夫是否為你買過玫

瑰花、搞過生日Party不重要，重要的是不管他為你買什麼，你都要能透過那些物質，看到一顆愛你的心，並對那顆心充滿感激。玫瑰花帶來的浪漫，不過是浮在生活表面的淺淺點綴，蘊藏在它們下面那平實而溫馨的「你買菜來我做飯」的生活狀態，才是真實的生活。

愛情沒有深淺

愛需要深情和忠誠，但也要保證自己的一份真實。因此，我們不需要去驗證另一方是否100%付出，因為愛情有深淺，性格有剛柔，不同的人有不同的處世態度。

我們每個人都可能自顧自衝出火場、衝出戰場、衝出地震中的危樓，鎮定下來之後，想起我們的愛人、親人，又衝回去救他們。

你在發愣的時候，如果愛人或親人自己跑出來了，他們會不齒你這個「先逃的人」。你正衝回去，在門口遇見他們，他們則會感念你「回來拯救」的恩情。

前後只有幾秒鐘，卻可能帶給人完全不同的感覺。

在電視上看到一則特別報導——

現代最新科技製造出來的人工鑽石，硬度已達9.3，幾乎跟真鑽石一樣了。

從前做實驗，在紙上畫線條，把鑽石放上去：如果是真鑽，那線因為折射大而看不清；是假鑽，則清清楚楚。現在這號稱「魔星鑽石」的假鑽，一樣折射，一樣閃亮，一樣看不清。

再用導熱儀器檢驗，過去碰上假鑽，不會亮燈的儀器，遇到「魔星鑽石」，照亮不誤。

　　寶石專家說：「只能用特殊的比重溶液測定。」

　　看完這項報導，我笑了。何必那麼斤斤計較呢？何必追根究柢呢？

　　要是我，有那閃亮、堅硬、溫暖如真鑽的假鑽，我就只當它是真鑽，絕不會用那麼麻煩的方法去檢驗。

　　人生不滿百，相愛幾十年，何必用許多假設，甚至設計的各種方法，去驗證自己的愛人？我們心裏知道：愛情有深淺、性格有剛柔，每個人看待生死的態度也不同。所以，到了生死關頭，身邊人可能棄我們而去。

　　但是今天，現在——他閃亮、堅強、溫柔，如同百分之百的真鑽。就當是真鑽吧……

　　趁著太平歲月，快快樂樂、相依相偎過一生吧！

物質與愛情

　　女人在衡量男人是否愛她的時候，往往這樣揣測：他給了我多少感情？而男人在詢問自己是否愛一個女人的時候，會這樣計算：我給了她多少物質？男人通過分配物質來分配感情。

　　打個簡單的比喻：一個男人的薪水是一萬元，拿到手的時候，如果他把七千元交給老婆，把二千元交給父母，剩下一千元留給自己，由此可以計算出這個男人感情分配情況，依次是70%、20%、10%。或許你覺得這樣的比喻有

點可笑。但仔細想想，天下的男人大抵如此。

70%那份是責任和義務，20%那份是良心和道德，剩餘的10%則是對自身辛勞的一份安慰。

男人通過勞動積累財富，實現自己的價值，並從中獲得領導感與成就感。這兩種感覺是男人像一根上緊了的發條一樣拼命工作的動力。

在和平年代，男人失去了上戰場的機會，於是，大量地聚積物質成為他們樂此不疲的遊戲，並由此贏得尊重和信賴。當一個男人所擁有的物質不足以供自己分配時，就只好拼命壓縮屬於自己的那一份，哪怕餓死，也要支撐著自己的骨架——這也是男人本性中最原始的一種。

物質不可能決定愛情的最終結果，但絕對足以決定愛情的走向。沒有物質的愛情顯得純粹，但虛無。有物質做基礎的愛情，雖然看上去不那麼符合一般人的浪漫主義愛情觀，但仍然很有條件，可以把愛情這座大廈一磚一瓦地建構起來。大多數男人已瞭解這一點，所以現在晚婚的人越來越多。

女人嘮叨，是男人的福分

女人的嘮叨是瑣碎的生活中最常見的事。之所以嘮叨，是因為她們心中有愛、有關懷。如果你對這些視而不見，等到失去時，悔之晚矣！讓我們每個人都珍惜手中的幸福吧！這是最實在、最珍貴的東西。

小玲天生就是個愛說話的人。和大明談戀愛的時候，

小玲經常跟大明說自己的故事。比如童年有一回去城裏迷了路，半夜才回到家，急得一家人都快瘋了；又比如夜晚到村邊的池塘捉青蛙，捉了一籃子，又都放回了池塘，因為她看那些青蛙太可憐；再就是家長里短，左鄰右舍的各種軼聞趣事……反正都是些芝麻綠豆大的瑣事。

那時大明很喜歡聽她說話，喜歡她說話時的語氣、姿態、聲音。他甚至認為，在月色朦朧的夜晚，聽自己喜愛的姑娘說話，是最浪漫、最幸福的事。

兩人結婚後，小玲還是話多，但內容有些變化，多半是嫌大明睡覺前不洗腳、睡覺打呼嚕等等。大明開始煩她的嘮叨了。一開始，大明還說兩句：「你有完沒完？」到後來，乾脆以沈默抗議她的嘮叨。

小玲40歲的時候，不幸得了喉癌，日漸消瘦，一句完整的話都說不出來。大明開始懷念她以前的嘮叨。他想再聽小玲講那些陳穀子、爛芝麻的往事，想聽她臨睡前叫自己去洗腳的嘮叨，但小玲已經無法吐出一個字了。

病魔最終奪去了小玲的生命，大明的世界突然安靜下來。深夜對著小玲的照片，他禁不住淚流滿面。他終於真切地體會到：愛人的嘮叨是自己的福分。

夫妻冷戰之後，要靈活地轉化

有一對小夫妻，為了一點小事而爭吵，各自認為對方無理，互不相讓。不過，他們也沒有喋喋不休地唇槍舌劍，一味爭吵下去，而是憋著一肚子氣，以致互不理睬。

三天過去了，夫妻倆仍然互不說話。他們就這樣僵持著，誰也不想先開口找話說，都覺得先開口等於承認自己的軟弱，而且對方以後可能會得寸進尺。

　　可是，夫妻之間本沒有什麼太大的利害衝突，他們心裏還是希望和好。這時候，如果有一個雙方的朋友出來勸解一下，兩個人的和好就容易些。

　　遺憾的是，親友並不知道他們正在冷戰，他們也不想讓其他人知道。畢竟，家醜不可外揚嘛！儘管如此，他們都在心裏尋求和解的辦法。

　　妻子突然計上心來。她拉開衣櫥，翻了一陣又關上，然後又去書桌的抽屜裏東翻西找。最後，滿屋子的櫥櫃、抽屜都被她翻了個遍，也沒見她找到什麼東西。接下來，她又從頭仔細尋找。

　　丈夫感到很納悶，終於忍不住問道：「你到底在找什麼呀？」

　　「找你的聲音！」妻子佯裝惱怒地回答。

　　丈夫忍不住笑了起來。就這樣，夫妻倆又和好如初。

忍讓是幸福婚姻中的粘合劑

　　當初找對象，母親諄諄告誡阿茹：「找大不找小，大的曉得讓你。」

　　於是，阿茹以此作為一個重要的擇偶標準，斷然回絕了許多年齡相當或小於她的男子。

　　上蒼有眼，終於將一位長她四歲的如意郎君送到她身

邊。阿茹的心裏在感念之餘，常忍不住幸福地想：這位兄長一樣的丈夫，一定會嬌寵我這個小妹妹一樣的妻子。

想不到，婚後不久，先生便拋掉被他稱作「假面具」的一系列優秀品質，顯露其真正「本色」。

比如他伏案寫東西的時候，明明熱水瓶、杯子就在手邊，卻偏要頤指氣使地喚阿茹替他斟茶。阿茹問他為何連舉手之勞都這麼吝惜。他嬉皮笑臉地說：「給你製造一個表現愛的機會嘛！」

他在公司遇到心煩的事，回到家，先是拿無辜的桌椅板凳出氣。待阿茹一搭腔，火力馬上轉移到她的頭上。阿茹苦喊一聲冤，灑幾滴淚，他就譏笑她心胸窄、眼窩淺、情感抗震力差。

他要是偶爾染上點小病，阿茹的日子就愈加難過：他用最撼人心魄的聲調痛苦地呻吟，反覆跟她講他的末日快要到來。阿茹必須違心地承認他這次病得空前嚴重，否則就是一點夫妻感情都沒有。

若是弄點好吃的，他不是和阿茹搶著吃，就是跟她「賭」著吃——用撲克牌賭，賭牌的時候又不光明正大，做出一些令人不忍戳穿的手腳⋯⋯

面對這位集「懶賴嬌饞」於一身的大丈夫，阿茹常常感到啼笑皆非。本來自己做女孩兒時，渾身上下，處處毛病，可跟自己可愛的先生一比，就難免有點小巫見大巫了。這讓她想到《輟耕錄》中的一段話：「骨咄犀，蛇角也。其性至毒，而能解毒。蓋以毒攻毒也。」她想：自己充其量不過是個「毒」，先生卻是當之無愧的「至毒」。

說一千，道一萬，身為妻子，阿茹還是乖乖接納了先生的種種「劣跡」。不過，在婦女地位日漸提高的今天，她

又實在羞於將這種不合時宜的家務事公之於眾，生怕因此招來眾姐妹的訕笑和羞辱。

說來也巧，有一天，阿茹偶然在街上碰到一位老同學。這老同學頗善言談，談到其治家格言，居然異常平靜地抬出四個字：「讓夫一丈。」隨後又笑著解釋：「誰讓人家是男子漢大丈夫呢？」阿茹當時恨不得緊緊握住她的雙手，高呼覓到知音。

她想：既然先生無意扮演阿兄，我就只好試著扮演一回阿姊了。可能，夫妻之間有一個概念壓根兒就是極其模糊的，那就是：年齡。

「讓夫一丈」是一種技巧，也是一種風度。

如果一對夫妻終日習慣於在雞毛蒜皮的瑣事上「打官司」，凡事都要講出個子丑寅卯，那麼，這個家庭必將絕緣於幸福與溫馨。

不必計較夫妻平時的吵鬧

你若付出真愛，就將痛苦留給自己，把幸福留給另一方。何必去計較平時的吵吵鬧鬧呢⋯⋯

有一對夫妻，丈夫是鄉裡一所中學的民辦教師，老婆是地道的農婦。他們結婚30年，吵了30年，爭爭吵吵中生了五個娃。十多年前，老婆聽不少人講她男人可能與學校的一個女教師有曖昧，竟哭著躺在學校的操場上，從上午直到半夜⋯⋯

一年前，丈夫被查出得了白血病。丈夫拿出兩千塊錢

交給老婆掌握，用於治病。住進醫院不到幾天，兩千塊錢就花光了。再向丈夫要錢治病，他卻說，家中就這麼點錢。這下子可把一家人激怒了。被激怒的不僅僅是他的老婆，還包括他的子女。

一家人都確信他的錢是花在他相好的女教師身上。因為這個家一直是他掌握著經濟大權。他除了每個月的工資，還幫人家補課、帶家教，本人不抽菸、不喝酒、不賭博，沒有一件像樣的衣服，老婆也是屬於辛辛苦苦掙錢，老老實實過日子的女人，炒菜油都捨不得放多……

但任憑家人怎樣猜疑、指責乃至出言不遜，他從不辯解，只是說：「沒有錢，就不用治了。這個病是治不好的，拿錢也是打水漂……」

這丈夫終於走到生命的盡頭。一日，在彌留之際，他叫身邊的子女都出去，說是他有話要對他們的母親講。子女們疑惑地走出去後，他一手抓住老婆的手，要老婆把箱子底下一本書裏的一個信封拿出來。她拿出來之後，只見裏面是一個兩萬元的存摺和一份遺囑，上面寫著：「這兩萬元留給×××（老婆名），任何人不得動用。」

他對老婆吃力地囑嚅道：「你不懂，我這病是治不好的，治到最後，只能是人財兩空……這錢是往水裏丟……你沒有勞保，自己有幾個錢，心裏踏實……」

老婆見此，一下子撲在丈夫身上失聲痛哭起來，哭得直捶自己的頭、扯自己的頭髮……

故事挺感人，也說明了人的一生中，要維持婚姻不吵架，不可能。但是，太計較，也許一生就得不到永恆的婚姻。上面的故事是告訴男人，不必計較另一半沒完沒了地吵；也告訴所有的女性，在維持婚姻這條路上，不要動不

動就吵架。

夫妻倆又吵架了。結婚三年來，這到底是第幾次，誰也不記得了。

從第一次吵架，小青心裏就隱約閃現過「離婚」兩個字。只是她聽說，幸福之家是吵架聲比鄰居低一些的家庭。因此，她沒把這點小彆扭放在心上。

可這一次不一樣，小青已經找到離婚的根據。那天晚上，兩人吵架後陷入冷戰。她咬牙切齒，無所適從，從床上摸起一本雜誌，發現上面有這麼一段記載：專家說，一棟因地基沒打牢而出現裂痕的房子，你是修補還是拆掉？一樁出現裂痕的婚姻，你是維持還是摧毀？修補瀕於破裂的婚姻比摧毀它，要困難得多。

小青恍然大悟：老房必須拆除，不能再住。

不知過了多久，兩人又吵架了。這次她把「離婚」二字明明白白地提出來，並且很堅決地到法院遞了訴狀。因為這樁婚姻已是一棟危房。

等待判決的日子，小青百無聊賴。別人下班回家，她在辦公室裏閑翻報紙，從報紙上看到一段話：專家說，婚姻是一件瓷器，作起來很困難，打碎很容易。然而，收拾好滿地的碎片是一件不易的事。

小青的心好像被鞭子輕輕地抽了一下。婚後三年，丈夫的習性、嗓音和喜好都已深深地烙在心中。如果分離，這些記憶的碎片，她該如何清理？

她一下子糊塗了。她真不知危房理論和瓷器學說哪一個更正確。第二天，她悄悄地跑到法院，把離婚訴狀要了回來。她要想清楚再說。

小青幾乎被這些理論弄糊塗了。回到家，丈夫已虛門

等待。她倒在丈夫懷裏，什麼話也不想說，任淚水肆意流淌。第二天，她就把剪的報紙連同那本雜誌扔進了垃圾筒。她覺得她已不需要任何婚姻理論了。

夜不歸宿，卻要點燃愛的心燈

　　他和她結婚時家徒四壁，除了一處棲身之所外，連床都是借來的，更不用說其它家具了。她傾盡所有，買了一盞漂亮的燈掛在屋子正中。他問她為什麼花那麼多錢去買一盞奢侈的燈。她笑了笑說：「明亮的燈可以照出明亮的前程。」他不以為然，笑她輕信一些無稽之談。

　　漸漸地，日子好過了。兩人搬到了新居。她捨不得扔掉那盞燈，小心地用紙包好，收藏起來。

　　不久，他辭職下海，在商場中搏殺一番，贏得了千萬財富。像所有有錢的男人一樣，他招聘了一個漂亮的女祕書。很快，女祕書就成了他的情人。他開始以各種藉口外出，後來乾脆不做解釋就夜不歸宿。她勸他，以各種方式挽留他，均無濟於事。

　　這一天是他的生日，妻子請他無論如何要回家過生日。他答應了，卻想起漂亮情人的要求。最後，他決定先去情人的住處過生日，再回家過一次。

　　情人的生日禮物是一條精緻的領帶。他隨手放到一邊。這東西他早已擁有太多。半夜時分，他才想起妻子的叮嚀，急匆匆趕回家。

　　遠遠看見寂靜黑暗的樓房有一處明亮如白晝，他看出

那正是自己的家，一種遙遠而親切的感覺自心中升起。當初她就是這樣夜夜亮著燈等他歸來。

推開門，她正淚流滿面地坐在豐盛的餐桌旁，沒有絲毫倦意。見他歸來，她不喜不怒，只說：「菜涼了，我去熱一下。」

他沒有制止她，因為他知道她的一片苦心。當一切準備就緒，她拿出一個紙盒送給他？是生日禮物。他打開一看，是一盞精緻的燈。

她流著淚說：「那時候家裏窮，我買一盞好燈，是為了照亮你回家的路；現在我送你一盞燈，是想告訴你，我希望你仍然是我心中的明燈，可以一直明亮到我生命結束那一天。」

他終於動容。一個女人送一盞燈給自己的男人，那是含著多少寄託與企盼呀！而他，愧對這盞燈的亮度。

女人不能為愛情而喪失自我

對於生活在今天的女性來說，完全可以放下女性的矜持，主動去追求自己的愛情。但是，在追求的過程中，如果拋棄自尊，乞求男方的同情和憐憫，將感情施捨給自己，這樣得到的一定是對方的輕視甚至厭惡。因為，對男人來說，愈是得不到的愛情，愈是寶貴，愈值得珍惜。主動追求愛情的女孩，既要勇敢地袒露自己的愛，又要善於保持自尊，因為你要得到的是男方的尊重而不是憐憫。

男人為事業可以放棄愛情，女人卻可以為愛情而放棄

事業。生活中，很多女孩把愛情看得高於一切。她們不看重事業，把愛情視為自己的歸宿。結婚之前，她們總是按「淑女」的標準要求自己。她們的理想就是當一個賢妻良母。結婚以後，她們認定只有夫榮妻才貴，所以她們將自己的全部心血用在培植丈夫成功這個「事業」上。

有許多女人在「愛情」中喪失了自己，卻沒有想到，丈夫成功了，自己很可能從妻子的崗位上下來，得到榮耀的極有可能不是勞苦功高的自己，而是取代自己的新人。

艾麗絲住在紐約。一次旅遊，她愛上了住在芝加哥的約翰。她的父母並不覺得約翰是最佳的女婿人選。可是，艾麗絲不顧父母的反對，辭掉工作，義無反顧地跟著約翰到芝加哥。可是，還沒等她找到工作，約翰就對她厭煩了，很快和另一個女孩打得火熱。

艾麗絲非常痛苦，她質問約翰：「我放棄了那麼好的工作，不惜與父母鬧僵，跟你到芝加哥來，這可是我為你做出的犧牲啊！」

她以為這樣說能感動他，沒想到他只是說：「不，不！我不認為這是犧牲。在我看來，這只是你的一種選擇。我只會尊重你的選擇，而不會承認你的犧牲。你做出的所有決定，都是你自願的。」

艾麗絲除了痛苦，別無他法。當初所做的一切的確都是她自己選擇的。

切記： 一個女人想贏得男人長久的尊敬，光靠一味地付出是不夠的。女人愛男人，應該站在平等的高度，而不能跪著仰視。當你無所保留地奉獻出自己的一切，自己落得空無所有，他就可能意興闌珊。

海明威說：「你越是死心塌地侍奉他，表示為了他，

犧牲一切，在所不惜，他越是得意洋洋，認為你的愛是廉價的，微不足道，於是轉而去尋求另一份愛情。」

很多女人婚前本來有一份不錯的工作，婚後卻放棄了，做起了全職太太。卻不知，女人放棄了自己的事業，依靠丈夫過日子，就容易使丈夫產生自大感，失去對她的尊重。當她投身於家務瑣事中，被家務勞動折騰得滿面風霜，風采不再，他就不再對她感興趣。她對丈夫的百依百順、百般忍讓，反使他忽視她的存在，使他變得越來越以自我為中心。

婚姻對夫妻雙方來說既應平等，又應相互合作。平等，才能有愛；合作，才有尊重。把自己降為奴僕、保姆，男方怎麼可能繼續愛你、尊重你？最後的結局很可能是他厭惡你了，把你一腳踢開。生活中不是出現過許多這類「善無善報」的結局嗎？對女人來說，由於死心塌地地侍奉男人而失去了愛情，實在是一件悲慘的事。

愛情蘊涵了許多內容，其中有尊重、有欣賞，還有美感。當你為了愛，完全失去「自我」，就可能失去他對你曾經表現過的尊重與欣賞，失去對他的吸引力。

世間有一種女子，她們總是追隨感覺，情願為所愛的人付出一切，甚至包括犧牲生命也在所不惜。有些女子會在付出的過程中，發現她所愛的人竟然不值得愛；而另一些人，直到生命終了，也發現不了真相。

一個女人如果愛上一個男人，和他結了婚，千萬不要覺得萬事大吉，從此一心一意待他，對他百依百順，以為這樣就能把他永遠留在身邊。千萬記得，這樣做，很可能失去得更快。

特別是對那些丈夫在外面成就了一番事業的女人來

說，她們很容易對男人產生依賴感而忽視了自我發展。這就會造成夫妻二人一個前進、一個滯後的局面，帶來雙方心理上的不平衡。

而且，她們隨著年齡的增長，自信心常常會有所減弱，對於能否拴住一個成功的丈夫的心，也會變得缺乏信心，從而很容易產生猜忌的心理。這種心理所引發的一些不理智的行為，也會對夫妻的感情造成傷害。

許多有了外遇，要離婚的男人，背後往往有一個「無過錯」的妻子。其實這些妻子不是沒有過錯。她們最大的過錯就是——對男人太好了。

一個女人與其整天忙於全心全意改造自己的愛人，不如從事一項更有意義的工作。男人不容易在不被感動的情況下尊重一個人。只有你做出讓他刮目相看的成就，他才會尊重你，才會自覺地保持對你的忠貞。

身為女人，必須保持清醒，保有經濟和精神的獨立，才不致使自己處於被動、易受傷害的處境。愛情是偉大的，有時卻又脆弱得經不起任何風霜雪雨的考驗。為愛應當有所犧牲，但不能犧牲自信的根本；為愛應當懂得付出，但不要失去自我；為愛應當展現包容心，但不能包容輕視和傷害。

女人，要懂得善待自己，在愛情中保留一點「自私」。

夫妻間不應埋怨和指責

人生苦短，歲月如梭。夫妻有緣塵世相聚，很不容

易。但願天下有情人以「寬容」為「黏合劑」，不斷地更新愛情，「耳鬢廝磨」到永遠。

美國專家曾斷言：在所有婚姻中，不幸的婚姻占58%，而破壞它的魔鬼是非難、責怪。俄國文學家托爾斯泰就是因為承受不了妻子時常埋怨、指責，在一個雪夜棄家出走，而後溘然長逝於一個鐵路小站。

記得在一個電視劇中有這樣一個情節：

冬夜，寒風刺骨，成長和韓夢被房東趕了出來。

成長在大街上吻著韓夢的手，內疚地說對不起。

韓夢指著星空，笑著說：「這麼高的房頂，那麼多的星星，都是我們的。和你在一起，我真的很快樂！」

就這樣，兩人在街心公園的長椅上露宿了一夜。

這個情節讓人感動。房子固然重要，愛人之間的寬容和依戀卻不是一套房子可以換取的。

寬容是一種品性的修養，是良好心理的外在表現。對外界的「流言蜚語」，全賴夫妻雙方在誠信中將其化為烏有。倘若因此彆扭起來，家人應該適當地創造條件，促使夫妻雙方在「寬容」中「黏合」起來。

有一則關於李世民和一對小夫妻的歷史典故，或許對今人能夠有所啟示吧。

唐太宗李世民的女兒平陽公主下嫁給薛萬徹為妻。

某大臣進讒：「薛駙馬才能不高，平陽公主嫁給他，太委屈了。」

公主覺得丟了面子，不肯與丈夫出雙入對。

此事被李世民察覺。他特邀女兒、女婿和部分大臣赴一個宴席。席間，他特意以薛萬徹的長處為話題，不斷誇獎這位女婿。

乘著酒興，翁婿倆以身邊的佩刀作彩頭，玩起了比手勁的遊戲。兩人同時握住長矛柄，彼此使勁拉。太宗佯裝輸了，解下心愛的佩刀，親手給薛萬徹佩戴。

　　這樣一來，平陽公主在人前掙足了面子，感到光彩，往後便不再怨夫君無能了。

禮物的輕重並不重要

　　相愛的兩個人，得到一顆屬於自己的心就夠了，對禮物的輕重，大可不必計較。如果認為金銀是最好的愛，也許有一天你會被鑽石、珍珠所代替。

　　在郵局工作的表妹跟筆者講了這樣一個故事：

　　一天，一位先生要寄東西，問她有沒有盒子賣？她拿出一個紙盒給他看。

　　他搖搖頭說：「這太軟了，不經壓。有沒有木盒子？」

　　她問道：「您是要寄貴重物品嗎？」

　　他連忙說：「是的是的，是貴重物品。」

　　她給他換了一個精緻的木盒子。

　　他拿過那個盒子，左看右看，似乎是在測試它的舒適度。最後，他滿意地朝她點了點頭。然後，他從衣袋裏掏出他所說的「貴重物品」——居然是一顆紅色、壓得扁扁的塑膠心！只見他拔下氣嘴上的塞子，擠淨裏面的空氣，再憋足了氣，一下子吹鼓了那顆心。

　　那顆心躺進盒子，大小正合適。

　　直到此時，她才明白這位先生要郵寄的乃是一顆充足

了氣的塑膠心。

這使她想起古代那個砍斷了竹竿進城的人。她強忍住笑說：「其實您大可不必這麼隆重地郵寄您的物品。我來給您稱一下這顆心的重量——喏，才6.5克。您把氣放掉，裝進牛皮紙信封裏，寄個掛號不就行了嗎？」

那位先生驚訝地（或者不如說是憐憫地）看著她，說：「你是真的不懂嗎？我和我的戀人天各一方，彼此忍受著難捱的相思之苦，她需要我的聲音，也需要我的氣息。我送給她的禮物是一縷呼吸——一縷從我的胸腔裏呼出的寶貴的氣息。應該說，我寄的東西根本沒有分量，這個6.5克重的塑膠心和這個幾百克重的木盒子，都不過是包裹我那份禮物的外殼呀！」

聽完這位先生的講述，她的臉莫名地發燙。

每一根為愛情砍斷的竹竿都會有它被砍斷的神聖理由。這種理由可能微不足道，卻是那麼生動、質樸、清純，也許只有真心相愛的人才瞭解其珍貴。

不要輕言離婚

沒有人不喜歡家的溫馨與幸福。當我們浪跡天涯，倦遊歸來，多麼渴望能有個家，能有一盞為我們而點的燈啊！崎嶇坎坷的人生路上，有一個人與我們共執一把傘，同避世上的風雨；共啟一扇門，同拒人間的霜寒；共守一盞燈，同享一本書帶來的心靈寧靜……這是怎樣的一種幸福與溫馨啊！

可是，事實上，越來越多的家不再可愛，而是充滿爭吵、怨恨或對彼此的傷害。家不再是一個躲避風雨的地方，反而是個製造風雨的地方。這樣的家讓人恐懼、頭疼，讓人只想遠遠地逃離。

對家的厭惡源自期望的破滅——對婚後生活的期望破滅、對愛人的期望破滅……

許多人在結婚前，把婚後的生活想得過於完美，以為婚後的生活還是會像婚前那樣浪漫，因此當婚後一大堆家務擺在面前，常會產生一種理想破滅之感，覺得生活從此變得平庸了，夫妻之間遠不如戀愛時那樣恩愛，於是感情上就淪入一種冷漠的深淵。如果雙方不能正視現實，不善於處理婚姻生活中的矛盾，就會給家庭生活蒙上陰影，甚至導致離婚。

有時因為戀愛期間對彼此的瞭解相當片面，婚後，朝夕相處，雙方的言行趨於自然，一些往日不太注意的小節就暴露出來，各自發現對方身上那些過去沒有發現的缺點，從而產生一種「上當受騙的感覺」——丈夫覺得妻子不如婚前善解人意，妻子則認為丈夫不如婚前體貼。就這樣，彼此間逐漸產生隔閡和不滿，家庭中再也難覓幸福的影子。最後，離婚協議便被擺到桌面上。

現在，越來越多的婚姻以離婚收場。不是嗎？據說上個世紀最後30年，美國的離婚率上升了200%。又據說，現在越來越多的人想要離婚，越來越少的人想要結婚。

就感情而言，離婚本身絕不是一件快事，心靈中留下的創傷很難彌補。

離婚意味著愛情的破產，意味著家庭的破裂，盡心盡力傾注的愛情結束了，辛辛苦苦建立的家庭崩潰了。這對

你不必在乎的9件事
9 Matters You Don't Have to Care

誰來說，都不是一件開心的事。再說，離開你的伴侶，並不能解決所有的問題，因為有一半問題屬於你自己。而且再婚以後，離婚和婚外情的機率會更高。

想離婚的女人應當想想自己是不是一個耐得住寂寞的女人，因為離婚之後，漫長的日夜就得一個人度過，不會有人跟你吵架，不會有人惹你生氣；如果你的房子打掃得乾淨，連老鼠都不會來和你做伴。而且，你必須做好長期自力更生的準備。一個離了婚的女人，不會有太多人爭著去追；爭著去娶的更是寥寥無幾。

不要以為離了婚，就可以幹出一番大事業。你沒有成功，不是因為有一個不幹家務的懶老公。無論是居里夫人，還是柴契爾夫人，不也一樣為給老公洗衣做飯嗎？

想離婚的男人應該想想自己是不是一個大方得可以一擲千金的主兒，因為離婚之後，你多年奮鬥得來的財富至少要被分走一半，鬧不好，你還必須淨身出戶。

更主要的還不是物質上的損失，而是精神方面。離婚後，你在原來的家庭裏付出的情感成本就變成零。而且，曾經滄海難為水，經歷過一段失敗的婚姻，你可能很難重拾信心，開始另一段新的感情。你甚至會陷入一種結婚、離婚，再結婚、再離婚的怪圈，直到你筋疲力盡。

你也不要以為離之婚，後你會贏得一種揚眉吐氣的輕鬆感，從此你便可以自由、逍遙得如一隻在藍天中翱翔的鳥。事實上，離婚後心理上的失落、家庭角色的改變、經濟環境和住房條件的變化，可能會使你陷入一種嚴重的抑鬱狀態，變得孤獨、沮喪，進而導致一些身心疾病，如失眠、頭疼，嚴重者甚至導致癌症、精神病等等。

事實上，對大多數離婚者來說，夫妻雙方的關係並不

必然是不能挽救的。任何人與人之間的關係都能得到改善，只要當事人願意，何況是曾經恩愛無比的夫妻？

對已經走到離婚邊緣的夫妻來說，絕不可輕易邁出最後一步，要在底線前面慎重思考一下。如果你對另一方的愛大於憎，就原諒他；對另一方的憎大於愛，才可以考慮分手；分不清愛與憎孰多孰少，就冷卻一陣再說。

有時候，僵局也可能是轉捩點。有些人覺得夫妻關係已經到了絕境，很可能正是扭轉局面的最佳時機。

葛洛蒂與傑弗里從相戀到結婚，一共度過五個年頭，婚後兩人如膠似漆。特別是女兒降生後，更增加了家中的歡樂氣氛。

女兒四歲時，一天，葛洛蒂帶著女兒去一家大型超市買東西。在停車場停車時，女兒忽然指著一輛車叫道：「爸爸的車！爸爸的車！」

葛洛蒂順著女兒的手勢望去，果然看見丈夫的車停在靠裏邊的位置上。

「傑弗里也來這裏買東西呀！」想到這裏，葛洛蒂帶著女兒急急走進超市。她顧不上買東西，領著女兒到處尋找傑弗里。

她又想：一家人在這裏意外相逢，買完東西後一起回家，該是一件多麼高興的事啊！

可是，找遍了一層的食品部，都沒有看到傑弗里的身影。在二樓的服裝部，葛洛蒂忽然看到傑弗里正親密地摟著一位金髮女子的肩膀，兩個人有說有笑。這時，那個女子伸手接過服務員剛剛包裝好的服裝。

葛洛蒂驚呆了，她簡直不敢相信自己的眼睛。她從來沒有見過傑弗里身邊的那位女子。

這時，她的小女兒顯然也發現了傑弗里，她興奮地喊道：「爸……」

葛洛蒂急忙掩住女兒的嘴，把她拖到一排男式西服後面躲了起來。

那一頭，傑弗里和那位女子手牽著手離開了……

晚上吃晚飯的時候，坐在飯桌前的傑弗里依然和女兒談笑風生。

忽然，小女兒天真地問道：「爸爸，今天你和那個漂亮的阿姨去超市買什麼東西？」

傑弗里一聽，臉色煞白。他抬頭向葛洛蒂望去，只見葛洛蒂眼睛裏噙著淚花，拿著刀叉的手正不住地顫抖……

晚上，傑弗里向葛洛蒂懺悔了一切，並表示他最愛的是葛洛蒂而不是那個女子，而且向她保證，從此以後，一定跟那個女子斷絕一切來往。

自始至終，葛洛蒂沒說一句話。

第二天早上，葛洛蒂平靜地對傑弗里說：「這一切對我來說，太不公平了！我永遠無法原諒你，所以我們只能離婚。」

傑弗里絕望地喊道：「不，不！我不同意離婚！」

冷戰持續了將近一個月，傑弗里終於無法忍受了。可是，他又不知應該怎樣打破這樣的僵局。他只好說：「我同意離婚，今天我們就去辦手續。」

路上，傑弗里將車開得飛快。似乎只有這樣，才能減輕心頭的沈重。葛洛蒂面無表情地坐在他身旁，一言不發。突然，對面一輛車逆向行駛過來。傑弗里想煞車或減速，都來不及了。

等葛洛蒂在醫院中醒來，醫生對她說：「是你的司機

救了你！我們搶救過無數交通事故中的傷員，一般都是司機比旁邊的人傷得輕一些，因為在災難來臨的那一刻，潛意識裏，司機都會有自救的一閃念，所以多會將方向盤朝有利於自己的方向打過去。但是，你的司機竟在一瞬間以令人意想不到的清醒將危險留給自己。現在你醒過來，很快就沒事了……你真幸運！」

「司機？不！那是我的先生！他在哪兒？」

葛洛蒂又見到傑弗里。

他昏迷不醒，躺在病床上，渾身插滿導管。醫生說，他即使醒過來，恐怕也永遠站不起來了。

葛洛蒂緊緊抓住醫生的胳膊：「大夫，求求你，一定要救醒他！即使他站不起來了，還有我呢！我會永遠做他的雙腳……」

傑弗里還沒醒過來，葛洛蒂從他的手機裏調出那個女子的電話號碼，給她打了個電話。

那個女子站在傑弗里的病床前，淚流滿面。她告訴葛洛蒂，那次在超市是她和傑弗里最後一次在一起。那天以後，傑弗里給她打過電話，兩人相約永不再見面。她說她會遵守諾言，明天她就會離開這座城市，不會再回來。

一年後，葛洛蒂推著坐在輪椅上的傑弗里走在公園的小路上，兩個人有說有笑，臉上都洋溢著幸福的笑容。五歲的小女兒在旁邊歡快地蹦蹦跳跳……一家人又恢復了往日的甜蜜生活。

女人在婚姻中所遇到的最痛苦的事莫過於丈夫的「不忠」。有不少女人一旦遇到這種事，會立刻失去理智，大吵大鬧。

切記：面對這種情況，千萬要保持清醒。不計後果的

吵鬧根本無益於事情的解決，它所帶來的負面效應也許遠遠超出你的想像。

如果得知丈夫在感情上背叛了你，在最初的震撼和痛苦之後，你必須冷靜下來，好好地思索。

無論你通過什麼途徑，你只有兩種選擇：要嘛分手，要嘛繼續過下去。

先不要急於做出結論，先分居一段時間，冷靜地思考一下，再做出決定。

首先，你要確定你最終能否諒解他的行為。如果經過一段時間，你發現自己根本不能諒解他，內心依然充滿憎恨和厭惡，再選擇分手也不遲。

其次，你要正確地評估你和丈夫之間的感情。如果你們夫妻感情尚好，只是他一時衝動，做了錯事，事後又有悔過之意，不妨試著原諒他。也許他的悔意和努力能夠醫治好你心裏的創傷，你們的生活會重新歸於平和。

如果因為一時衝動而分手，感情上你卻怎麼也無法忘記他，那麼分手之後，絕不可能使你的心情好過些，也許還會更加痛苦。

而且，無論從哪個方面看，為離婚而付出的代價都過於沈重，因為離婚不僅使雙方的精神飽受煎熬，也會使孩子在父母的互相仇視和爭鬥中備受折磨，無所適從，甚至日後誤入歧途，成為父母離婚的犧牲品。

亙古不變的愛

　　自始至終愛一個人需要勇氣，尤其是當另一方移情別戀時。這種愛，充滿了溫暖和力量。

　　有些人會因癡情而似乎變得愚蠢。然而，正是這種執著的愚蠢襯托出愛情偉大的一面。不可褒揚或批判這種愛，因為它是亙古常新的。

　　有個男人非常愛他的老婆。但這個男人有些粗心。偶然間，他察覺他的老婆竟移情別戀。這時，老婆已決心離開他，正等著與他攤牌，談判離婚事宜。

　　這個男人有點措手不及，想聽聽旁人的意見。

　　一起長大的那幫兄弟得知此事，全都憤憤不平。少年時代，這個男人是兄弟中威信最高的一個。他們看著他戀愛，結婚。當初他們還嫌那黃毛小丫頭配不上他呢，沒料到她現在反過來要蹬了他，這口氣哪能咽得下。

　　「離婚？有那麼方便嗎？這不便宜了她？」

　　「這樣的女人，要好好地教訓她！」

　　「她竟敢背叛你！憑你的條件，也找個女人氣氣她！」

　　比起來，大學同學和現在的同事要知書達理些，觀念當然也新得多。他們公認他的老婆是個聰慧的麗人。

　　「你要是真愛她，不妨成全她。她一定會在心裏感激你，珍藏你們曾經擁有的感情，說不定日後哪一天還會後悔與你分手。」

　　「天涯何處無芳草？憑你的條件，還是可以找到其

好女孩……」

　　他是個明白人。他知道前者是千古流傳的老觀念。但由著性子，他真想這樣做，做它個揚眉吐氣。他也瞭解，後者是時下流行的新觀念。以自己一貫的處事方式，應該這樣做，瀟灑地道一聲再見，生活重新展開。

　　那麼，他最後究竟是怎麼做的呢？他沒有教訓他的妻子——他不忍。他也沒有讓她走——他不捨。

　　舊日的兄弟罵他缺少氣概。

　　他回道：「是的是的……」

　　大學同學和現在的同事說他缺少氣度。

　　他回道：「是的是的……」

　　他覺得她在自己心裏面，沒有東西可以替代。無論發生什麼變故，都如此。他將這番意思告訴她。她立刻決定留下來。留下來是因為她忽然懂得，這個男人的愛是無可替代的。

　　後來他想，自己這回沒按老觀念、也沒按新觀念行事，實在是因為真愛她。

　　真愛，亙古不變。

〈全書終〉

國家圖書館出版品預行編目資料

你不必在乎的9件事／李佳華 著 -- 修訂一版
-- 新北市：新潮社，2018. 02
　　面；　　公分
　　ISBN 978-986-316-695-5（平裝）
1.修身　2.生活指導

192.1　　　　　　　　　　　　　　106020319

你不必在乎的9件事

作　　者　李佳華

企　　劃　天蠍座文創製作

出　　版　新潮社文化事業有限公司
　　　　　電話 02-8666-5711
　　　　　傳真 02-8666-5833
　　　　　E-mail：service@xcsbook.com.tw

印前作業　東豪印刷事業有限公司
印刷作業　福霖印刷有限公司

總 經 銷　創智文化有限公司
　　　　　新北市土城區忠承路 89 號 6F（永寧科技園區）
　　　　　電話 02-2268-3489
　　　　　傳真 02-2269-6560

修訂一版　2018 年 3 月